Original Japanese Title: NUMAGASA WATARI NO YUKAI NA IKIMONO MARUHI ZUKAN
Copyright © 2018 Watari Numagasa
Original Japanese edition published by Seito-sha Co., Ltd.
Korean translation rights arranged with Seito-sha Co., Ltd.
through The English Agency (Japan) Ltd. and Danny Hong Agency

이 책의 한국어판 저작권은 대니홍 에이전시를 통한 저작권자와의 독점계약으로 ㈜김영사에 있습니다.
저작권법에 의해 한국 내에서 보호를 받는 저작물이므로 무단전재와 복제를 금합니다.

이런 모습 처음이야!

의외로 유쾌한
생물도감

누마가사 와타리 글·그림 | 시바타 요시히데 생물감수 | 타카모리 마쓰미 옮김 | 성기수 한국어판 감수

겉모습

이 책에 나오는 유쾌한 생물들

(←인사) 이 이상한 제목의 책을 선택해 주셔서 감사합니다. 작가 누마가사 와타리입니다. ('누마가사 와타리가 누구야?'라고 당황해 할 수도 있지만, 모른다고 해도 전혀 문제없습니다.) '생물을 좋아하는' 어린이를 대상으로 쓴 도감이지만, 생물에 흥미가 없는 어린이나 어른도 즐길 수 있게 썼습니다. **어린이든 어른이든 상관없이 중요한 것은 호기심.** 생물의 신기한 세계에 조금이라도 관심이 있다면 이 **'유쾌한'** 도감을 즐길 수 있을 것입니다.

숨겨진 모습

생물의 겉모습과 숨겨진 모습이란?

이 도감은 각 생물의 '겉모습' 과 '숨겨진 모습' 페이지로 나뉘어 있습니다. '겉모습' 페이지에서는 생물의 기본적인 특징을 간단히 설명하고, '숨겨진 모습' 페이지에서는 그 생물의 놀랄 만한 비밀스러운 생태나 에피소드를 **적나라하게** 소개합니다. 겉모습과 숨겨진 모습, 숨겨진 모습과 겉모습…. 의외의 모습으로 가득한 이 책을 다 읽을 때쯤이면, 여러 생물에 대해 이미 가지고 있던 이미지가 조금은 바뀔지도 몰라요. 책을 읽다가 마음에 드는 내용이 있으면 다른 친구들에게도 얘기해 주세요!

숨겨진 모습은 이 세 가지

제1장
차이에 놀라는
놀라운!

제2장
알려지지 않은
특기와 특징
굉장한!

제3장
생활이
수수께끼투성이
신기한!

제2장 굉장한! 생물의 겉모습과 숨겨진 모습

알려지지 않은 특기와 특징

시작

- 시바견 … 95
- 리카온 … 97
- 고양이 … 99
- 서발 … 101

우주에서 가장 사랑받는 생물

수면 밑의 총잡이

- 물총고기 … 109
- 흰점박이복어 … 111
- 먹장어 … 113

시바견은 사실 ○○?

편안함을 주는 세계에서 가장 큰 쥐?

- 카피바라 … 103
- 낙타 … 105
- 빨판상어 … 107

킬러피시

겉보기에는 평범하지만 대단한 기술을 가졌다!

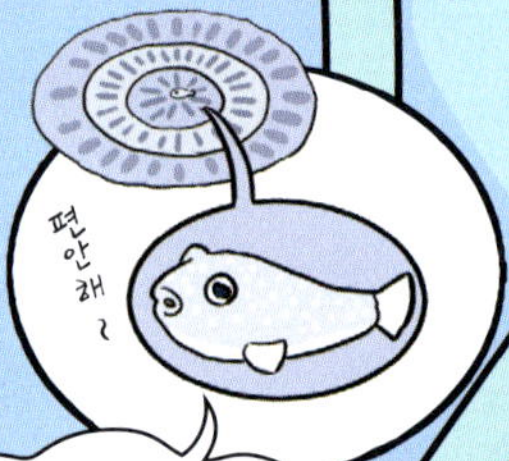

이 복어, 그냥 복어가 아님!!

딱딱하고 독이 있다

- 거북복 … 115
- 전기뱀장어 … 117
- 괭이갈매기 … 119

제3장 신기한! 생물의 겉모습과 숨겨진 모습

시작

- 오리너구리 ··· 145
- 사향고양이 ··· 147
- 우아카리원숭이 ··· 149
- 늘보원숭이 ··· 151

수수께끼투성이의 오리너구리

- 브라질세띠아르마딜로 ··· 153
- 별코두더지 ··· 155
- 호저 ··· 157
- 코주부원숭이 ··· 159

신기한 능력을 가진 두더지

거대한 뿔

- 외뿔고래 ··· 161
- 주머니쥐 ··· 163
- 벌거숭이뻐드렁니쥐 ··· 165
- 매너티 ··· 167

수몰된 숲의 빨간 도깨비

바다를 떠도는 헤비급 물고기

- 개복치 ··· 169
- 쿠키커터상어 ··· 171
- 배럴아이 ··· 173

심해에 사는 신기한 물고기

여유롭게 떠도는 바다의 말

- 해마 ··· 175
- 초롱아귀 ··· 177
- 청줄청소놀래기 ··· 181
- 서커스틱 프린지헤드 ··· 183

이 책을 보는 법

겉모습

생물의 기본적인 정보와 특징을 설명해요.

덥벼!

숨겨진 모습

지금까지의 이미지와 다른 알려지지 않은 숨겨진 모습을 볼 수 있어요.

책장을 넘기면…!

유쾌한 생물 정보
생물에 대한 다양한 정보를 자세히 설명하고 있어요.

크기
생물의 크기를 가까이에서 볼 수 있는 것들과 비교해서 표현해 놓았어요. 수컷과 암컷의 크기 차이가 특징인 생물은 나눠서 표시했어요.

분류
과학적으로 분류한 생물의 종류를 표시했어요.

먹이
소개한 생물이 주로 어떤 먹이를 먹는지 소개했어요.

서식지
생물이 살고 있는 주요 지역을 표시했어요.

놀라운!
생물의 겉모습과 숨겨진 모습

제 1 장

차이에 놀라는

겉보기나 이미지와 다른 **숨겨진 모습**

외모는 무섭지만 상냥한 사람, 얌전할 것 같지만 화를 내면 무서운 사람…. 외모나 이미지만으로는 판단하기 힘든 것이 생물이다. 이 장에서는 세상에 알려져 있는 이미지와는 다른 숨겨진 모습을 가진 생물을 소개한다.

강해 보이지만
사실은…

예를 들어 큰 말벌은 곤충 치고는 상당히 강하다. 그러나 의외의 생물에게 역습을 당할 때가 있다.

자세한 내용은 **P81** 에

얌전할 것 같은 녀석이
사실은…

판다 하면 대나무가 떠오른다. 그리고 말할 수 없이 귀여운 모습으로 인기를 끈다. 그러나 판다도 야생에서는 아무도 모르는 모습을 보여 준다.

자세한 내용은 **P35** 에

눈에 잘 띄는 모습은
사실…

보통 텔레비전에서 많이 보는 플라밍고. 그 예쁜 색에는 놀라운 비밀이 숨겨져 있다.

자세한 내용은 **P73** 에

아프리카코끼리

코가 아~~~주 길다

육지에서 가장 큰 포유류

식물 뿌리나 나무껍질을 먹는다

엄니는 식물 뿌리를 캐거나 나무껍질을 벗길 때 쓴다. 편리한 코! 여러모로 쓰임새가 있다.

- 물건 잡기
- 물 마시기
- 몸에 물 뿌리기
- 숨 쉬기, 냄새 맡기

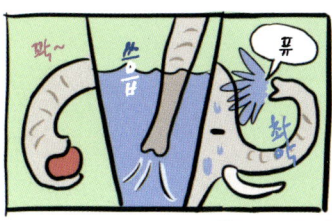

땀은 안 나지만 사바나는 덥기 때문에 귀를 팔랑거려서 체온을 떨어뜨린다 귀를 움직여 의사소통을 한다는 설도….

온화하고 상냥한 이미지의 코끼리지만…?

유쾌한 생물정보

코끼리는 하루 동안 먹는 양이 장난이 아니다. 100~300kg의 풀, 나뭇잎, 과일 등을 먹고 물을 190ℓ나 마신다. 그리고 2~3kg이나 되는 큰 똥을 누는데, 한 번에 5~6덩어리, 하루에 10번이나 눈다.

크기 : 6~7.5m

▲ **분류** : 포유류·코끼리과　　● **먹이** : 풀, 나무껍질, 과일 등　　▶ **서식지** : 아프리카

숨겨진 모습

차이가…

아프리카코끼리, 사실은…
파괴적인 힘을 가졌다!

거대한 체구를 가진 코끼리의 힘은 지상 최강 수준!

아기 코끼리를 노리는 사자를 있는 힘껏 날려 버린다.

몸을 부딪혀서 차도 뒤집는다.

차문을 엄니로 찢을 수도 있다.

이 녀석 덤벼 *으랏차* *빠사* *이얏*

암컷을 둘러싼 수컷의 싸움은 치열하다!

몸집이나 엄니의 크기를 비교해도 결판이 안 날 때는 힘겨루기를 시작한다.

크응…

코·엄니·몸집 모든 것을 이용해 격렬하게 들이받는다.

파 – 팟

한번 싸움을 시작하면 어느 한쪽이 만신창이가 될 때까지 끝나지 않는다. 힘이 매우 세기 때문에 무척이나 힘든 싸움이다.

으흑흑

호랑이
밀림의 왕

파워풀하게 사냥하는 고양잇과에서 가장 큰 육식 동물

수풀에 숨은 채 먹이로 다가가 날카로운 발톱으로 한방에 쓰러트린다.

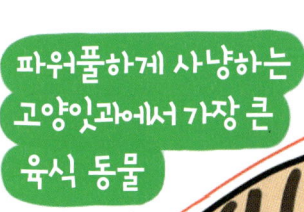

혼자서 생활하고 자신의 영역에 냄새를 남긴다.

큰 송곳니 →
고기를 물어뜯는 날카로운 이빨 →
표면이 거칠거칠한 혀

사납게 먹이를 사냥하는 호랑이지만…?

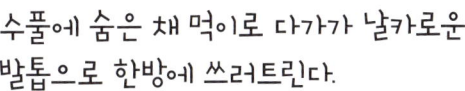

더운 지역부터 추운 지역까지 넓게 서식하며, 서식지에 따라 뱅골호랑이, 아무르호랑이 등 9개의 아종*이 있다. 먹이로 삼는 큰 동물들이 줄어든 영향으로 3개의 아종이 멸종했다.

*아종 : 종을 세분한 생물 분류 단위. 종의 바로 아래이다.

크기 : 2.7~3.1m (아종: 뱅골호랑이)

털 고르기도 빼놓을 수 없지.

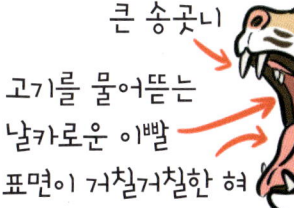

▲ **분류** : 포유류·고양잇과　● **먹이** : 사슴, 멧돼지 등　▶ **서식지** : 아프리카

숨겨진 모습

호랑이의 사냥은…
승률 5퍼센트의 도박!?

파워풀하고 멋있는 호랑이의 사냥…
하지만 성공할 확률이 매우 낮다!

성공률이 겨우 5~10퍼센트라고 한다.

마치 도박 같은
승률이지만
한 번 수확하면 잔뜩!
(30킬로그램 가까이 먹을 때도 있다.)

8일에 한 번 정도
사냥에 성공하면
호랑이는 살 수 있다.
성공 확률이 낮지만
성공하면 대박!
그것이 호랑이의 사냥이다!

나무늘보
슬로우 슈퍼 슬로우

세계에서 움직임이 가장 느린 포유류

두발가락 나무늘보

긴 갈고리발톱으로 나무에 매달린다.

하루에 20시간은 잠들어 있다.

두발가락

세발가락

발가락 수로 구분한다.

"오늘은 15시간밖에 못 잤어."

못 잤다고 투정 중

"먹는 것도 귀찮아."

에너지 소비를 줄이기 위해서 먹은 것을 소화할 때도 천천히…. 평균 16일이나 걸린다.

털이 곤두서 있어서 비에 젖어도 물방울이 바로 흘러내린다.

물 찬 제비 같은 나무늘보

움직임이 느려서 바로 잡아먹힐 것 같지만…?

유쾌한 생물정보

나무늘보는 중앙아메리카에서 남아메리카에 걸쳐 6종이 살고 있다. 대부분의 시간을 나무 위에서 뒹굴거리며 지내고, 대변이나 소변을 보러 어쩔 수 없이 일주일에 한 번 땅으로 내려온다.

크기 : 70cm(두발가락나무늘보)

의외로 수영을 잘한다.

분류 : 포유류·나무늘보과 **먹이** : 나뭇잎 등 **서식지** : 중앙아메리카~남아메리카

숨겨진 모습

깜짝이야!

나무늘보, 사실은…
너무 느려서 오히려 쉽게 발견되지 않는다!?

털 가닥의 패인 홈에 지의류가 빽빽이 살고 있어서 몸이 초록색으로 변해 가는 나무늘보도 있다.

느린 움직임까지 더해져 수풀의 색에 섞이는 효과가 최고!

천적인 독수리

이 녀석, 어디 있는 거야?

나무늘보의 탐스러운 털 사이에는 많은 동물이 살고 있어 마치 작은 정글 같다. 움직임이 늦은 데다 털 고르기도 안 하기 때문에 다른 동물 몸에 기생해서 사는 동물들에게 나무늘보는 최고의 집이다.

덕분에 나무늘보도 힘든 정글 생활을 오랫동안 이어갈 수 있는 것이다.

와글 와글 시끌 시끌

까~ ## ## 까~

시끄러워!

겉모습

사자
동물의 왕

동물원

모든 동물의 상징이며, 사바나의 최강자인 고양잇과 동물!

고양잇과 동물(호랑이나 표범 등)은 고독하게 사는 경우가 많은데, 사자는 무리를 지어 산다. 사바나에서 살아남기 위한 전략일 것이다. 수컷 1~3마리, 암컷 10여 마리와 새끼들로 이루어진다. '프라이드'라고 불리는 무리를 지어 산다.

독불장군

고양잇과죠?

프라이드가 뭐야?

콰악!

글쎄.

* 왜 '프라이드'라고 하는지는 명확하지 않다.

사냥을 하는 것은 주로 암컷이다. 반면에 수컷은 하루에 20시간이나 잠을 잔다.

쿨쿨

사냥도 안 하고 마음 편히 산다고 생각할지도 모르겠지만…?

유쾌한 생물 정보

인도사자, 마사이사자 등 7종의 아종이 있다. 수컷의 목둘레 갈기는 급소인 목을 보호하는 역할을 한다. 이유는 분명하지 않지만 극히 드물게 갈기를 가지고 있는 암컷도 있다.

크기: 240~330cm

사자인데요.

고양이

거짓말.

▲ **분류** : 포유류·고양잇과   ● **먹이** : 대형포유류, 소동물 등   ▶ **서식지** : 아프리카, 인도

숨겨진 모습 — 깜짝이야!

사자의 수컷도…
편하지 않다?

~사이좋음~

수컷으로 태어난 사자들은
새끼 때는 모두 사이좋게 지낸다.

하지만 부모 사자가 다른 수컷에게 져서
무리의 왕이 바뀌면 새로운 왕이 이전 왕
의 새끼들도 죽여 버린다.

~죽음~

뭐?

부모 사자가 왕인 경우에도
2~3세가 되면 무리에서 쫓겨난다.

어떡하지…?

오늘의 밥 / 사냥 매뉴얼

무리를 떠난 수컷은
방랑 사자라고 불린다.
왕이 될 때까지 수컷은 스스로
사냥을 한다.

방랑 사자는 한 마리에서 여러 마리가 함께 행동!
새로운 왕이 되기 위해, 왕이 수명이 다해 죽고 암컷만 있는 무리나
왕이 상처를 입고 약해져 있는 무리를 찾아 싸움을 건다.

싸움에 이겨 암컷 사자 무리에게 새로운 왕으로 인정을 받으면 드디어 암컷에게 먹이를 얻게 된다! 교미를 하고 번영할 수 있는 기회를 얻는 것이다.

(형제가 모두 왕이 될 때도 있고 협력해서 넓은 세력을 확보할 수도 있다.)

하지만 왕이 된다고 해서 빈둥거릴 수만은 없다! 다른 수컷들로부터 세력을 지키기 위한 싸움이 계속된다. 혹시 싸움에서 지면 자기 새끼들이 죽게 되고 암컷들을 새로운 왕에게 빼앗기기 때문이다. 사자 무리의 왕은 결코 편하지 않다.

육식 고양이의 친구

아직 더 있어요

사자 이외에도 고양잇과에는 여러 육식 동물이 있다. 각 동물의 특징을 살펴보자.

비슷하지만 다르다. 여러 무늬가 있다.

표범

- 아프리카, 남아시아에서 서식
- 숲이나 암벽에 산다
- 다리는 굵고 짧다.
- 빨리 달릴 수는 없지만 힘이 세다.
- 다재다능한 능력
- 나무 타기가 특기!
- 먹이를 나무 위로 질질 끌고 올라가 감출 때도 있다.

치타

- 아프리카 사바나에서 먹이를 노린다
- 얼굴에 독특한 힘줄 무늬
- 작은 머리. 높은 눈의 위치.
- 가늘고 긴 다리.
- 세계에서 가장 빠른 네 발 달린 동물. 최고 속도는 110킬로미터.
- 발톱을 안으로 웅크릴 수 없다.

재규어

- 아마존강 유역에 서식하는 사냥꾼
- 고대 문화에서는 '밤의 신'으로서 추앙받았다.
- 머리는 큰 편 턱의 힘이 강하다.
- 다른 고양잇과 동물과 달리 수영을 잘한다!
- 불고기나 악어, 큰 벌레를 먹을 때도 있다!

퓨마

- 쿠가, 마운틴 라이온이라고도 부른다
- 남아메리카, 북아메리카에 서식.
- 둥그스름한 머리에 쫑긋 선 귀.
- 사슴, 호저, 코요테 등을 사냥한다.
- 포유류 중 가장 높이 점프할 수 있다. 그 기록이 무려 7미터!

치타

초원의 스피드 왕

세계에서 가장 빠른 포유류

빨리 달리기 위한 골격, 근육, 기관을 갖고 있다. 전신을 이용해서 사냥감을 쫓는다!

작은 머리로 바람을 가르듯 빠르게 달린다.

스프링처럼 휘어진 등뼈

먹이가 달리는 방향을 바꾸면 꼬리로 방향을 전환한다.

커다란 심장과 폐를 이용해 달리는 데 필요한 대량의 산소를 들이마셔 몸 전체로 보낸다.

길고 가는 뼈가 충격을 흡수하여 빠르게 달리는 게 가능하다.

심장 / 폐

우왓

달리기 시작한 지 불과 2~3초 만에 최고 속도 100킬로미터에 도달한다.

전속력으로 달리는 스피드의 왕 치타지만…?

유쾌한 생물 정보

뼈가 가벼운 치타의 몸무게는 50kg 정도. 사자의 4분의 1 정도다. 힘은 약하지만 달리기가 빨라 사바나에 있는 다른 고양잇과 생물과 비교해 사냥 성공률이 높다.

크기 : 121~150cm

히터 / 더워.

▲ 분류 : 포유류·고양잇과 　　 먹이 : 대형포유류, 소동물 등 　　 ▶ 서식지 : 아프리카, 이란

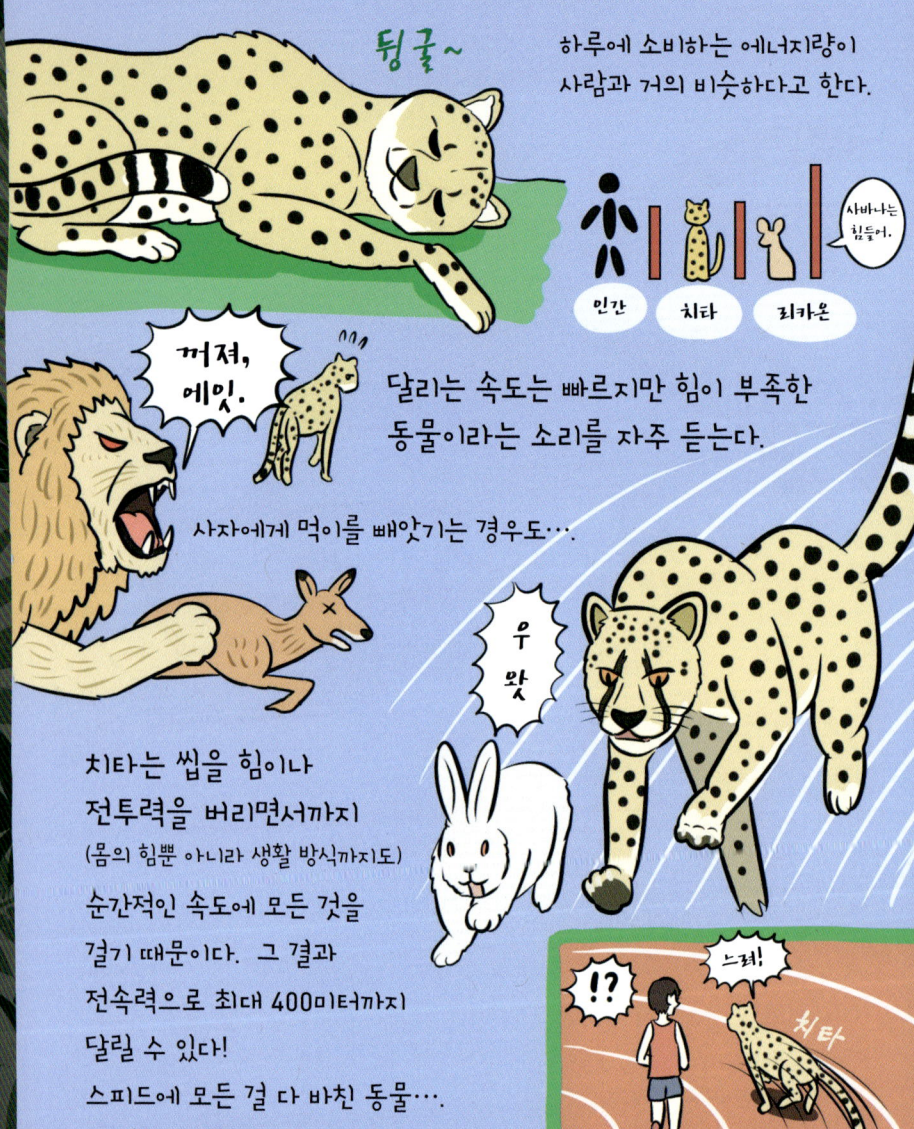

하마

온순한 하마 씨?

코끼리 다음으로 몸이 큰 초식 동물

아~

턱이 150도나 벌어진다.

모든 동물 중에서 피부가 가장 두껍다.

하루의 대부분을 물에서 보낸다. 물속에서 5분이나 잠수할 수 있다.

예~

수고해!

별로, 신경 쓰지 마.

새가 하마 몸에 있는 기생충을 먹어 주기도 한다.

너무 많지 않아?

와~!

느긋한 이미지의 하마 씨지만…?

유쾌한 생물 정보

낮에는 30마리 정도가 무리를 지어 강이나 늪에서 지내고 밤에는 땅으로 올라와 풀을 먹으며 느긋하게 생활한다. 영역을 가진 수컷은 새끼를 지킬 때는 공격적으로 변한다. 때로는 악어도 물어 죽인다.

크기 : 5m

하루에 약 35kg이 넘는 풀을 먹는다.
(초등학교 4학년 남자아이 정도의 무게)

▲ **분류** : 포유류・하마과   ▶ **먹이** : 물가의 풀   ▶ **서식지** : 아프리카

숨겨진 모습 〈차이가…〉

하마는 사실…
아프리카에서 가장 위험한 동물!?

느긋하고 온순한 이미지와 달리 하마는 아프리카에서 가장 위험한 동물 중 하나다.
실제로 하마에게 습격당해서 죽은 사람도 있다.

- **50**센티미터나 되는 긴 이빨!
- **1**톤을 무는 힘!
- **3**톤이 넘는 체중!

게다가 하마의 달리기 속도는 시속 40킬로미터나 된다.
우사인 볼트의 스피드를 웃돈다.

하마는 힘과 강인함을 겸비한 최강의 맹수이다.

기린
목이 긴 동물

지상에서 가장 키가 큰 동물

길이가 50센티미터 이상 되는 혀를 내밀어 높은 곳에 있는 나뭇잎을 먹는다.

뿔은 2~5개. 그대로 드러나지 않고 털이 난 피부로 덮여 있다.

높은 위치에 있는 뇌까지 피를 보내야 하기 때문에 혈압은 사람의 2배 이상이다.

맛있어~

목뼈 7개를 부드럽게 움직일 수 있다.

사람의 목뼈도 7개.

일본에서 기를 수 있는 반려동물 중 가장 큰 동물이다.

냠냠

가격은 3천만 원에서 1억 원 정도. (순종은 비싸다.)

기다란 목의 쓰임새는 높은 나무의 나뭇잎을 먹는 거라고 생각되는데…?

크기 : 4.7~5.7m

유쾌한 생물 정보

기린은 사는 곳에 따라 몸의 무늬가 다르다. 갈색 무늬의 끝이 나뭇잎처럼 들쑥날쑥한 마사이기린 등의 종류가 있다. 긴 다리에는 사자도 발로 차 죽일 수 있는 강력한 힘이 있다.

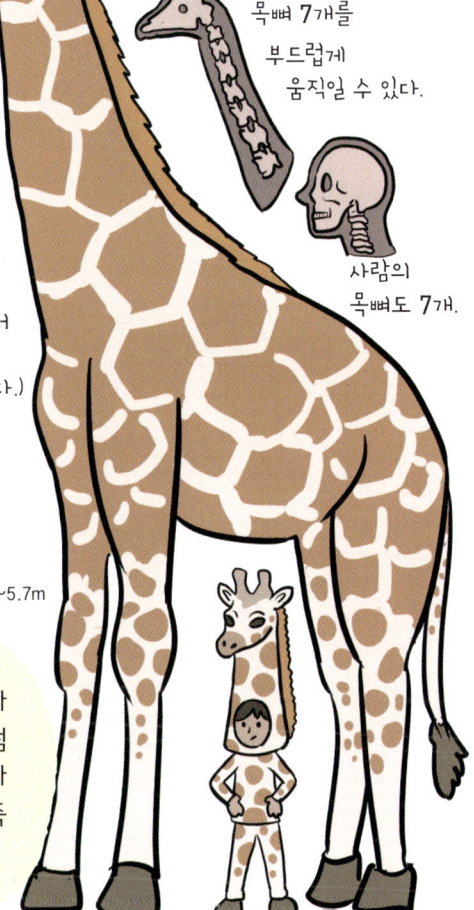

▲ **분류** : 포유류·기린과   **먹이** : 잎, 꽃, 과일 등   ▶ **서식지** : 아프리카

숨겨진 모습

차이가…

기린은…
목을 써서 치고 박고 싸운다!!

퍽!

기린은 우아하게 보이지만 라이벌인 수컷끼리는 목을 채찍처럼 휘둘러 상대방을 공격한다. 이 싸움을 '넥킹'이라고 부른다. (넥neck=목)

이때 부딪히는 소리가 100미터 밖까지 들린다고 한다.

파―팟

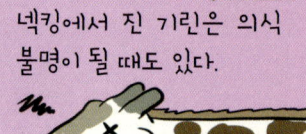

파이팅!

가까이에 암컷이 있을 때가 많고, 넥킹에서 진 기린은 의식불명이 될 때도 있다.

그 외에도
뒷발차기로 사자를 해치우기도 한다.

시속 50킬로미터로 달릴 수 있다.

퍽 / 으악!

의외로 터프한 기린.

다 다 다 다!
코너에서 차이를 벌려!
끼이익

기린의 무용담은 아직 끝나지 않았다.

남부작은개미핥기
많이 많이 드세요

긴 혀로 하루에 3천 마리의 개미를 먹는다.

입안에 이빨은 없다. 최대 40센티미터에 이르는 혀는 점액으로 덮여 있다.

맙소사! 개미

시력이 나빠 냄새로 개미 무덤을 찾는다.

꼬리로 물건을 잡을 수 있고 나무 타기를 잘한다.

혀를 재빠르게 날름거린다.

개미에게 역습을 당하지 않으려면 재빠르게 먹어야 한다.

평소에는 온화한 성격이지만…?

유쾌한 생물정보

조끼를 입은 모습을 하고 있는 남부작은개미핥기는 나무 위에 있는 시간이 길고, 나무 구멍 등에서 산다. 갓 태어난 새끼는 얼마 동안 엄마의 등에서 생활한다.

크기 : 53~88cm

반려동물로 키우기도 한다.

←개미

▲ **분류** : 포유류·큰개미핥기과   ● **먹이** : 흰개미, 개미   ▶ **서식지** : 남아메리카 북부, 동부

숨겨진 모습

남부작은개미핥기는 쫓기면…
일어서서 발톱으로 공격한다!

남부작은개미핥기는 평소에는 얌전하지만 위험이 다가오면 뒷발로 서서 적을 '위협'한다.

날카로운 발톱으로 천적인 퓨마나 재규어를 공격할 때도 있다.

꼬리로 균형을 잡는다.

당당히 서 있는 모습이 마치 '장승'과 같은데…

…라고 말하고 싶지만, 실제로는 조금 귀여운 포즈다.
(하지만 방심은 금물.)

 겉모습

얼룩말
블랙 & 화이트

> 아프리카 초원에 사는 선명한 흑백 무늬의 말!

얼룩말은 사람의 지문과 같이 각기 다른 줄무늬를 가지고 있다.

갈기에도 줄무늬가 있다.

꼬리 끝은 술 모양이다.

한 마리의 수컷과 여러 마리의 암컷 그리고 그 새끼가 가족을 이룬다.

냠냠

앞니로 풀을 물어뜯고 어금니로 잘게 씹는다!

사실은 세로 줄무늬가 아니라 가로 줄무늬다.
(등뼈를 축으로 생각하기 때문에.)

줄무늬 가족

임팩트가 강한 흑백 무늬의 정체는…?

유쾌한 생물 정보

수백 마리가 큰 무리를 이루어 사바나에 산다. 사바나얼룩말, 산얼룩말, 그레비얼룩말의 세 종류가 있고, 모두 사람이 탈 수 있는 말과 달리 성질이 난폭하니 발차기에 주의하자.

크기 : 2.1~2.4m

▲ **분류** : 포유류·말과 　 ● **먹이** : 풀 　 ▶ **서식지** : 사하라 사막 남쪽의 아프리카

숨겨진 모습

얼룩말의 맨살은 사실은 전부 회색!

얼룩말의 흑백 무늬는 수수께끼로 가득 차 있다…. 의외로 줄무늬 밑은 거무스름한 회색이다.

참고로 흰곰*의 맨살도 검다.

호랑이는 피부도 호랑이 무늬.

* 정확히 말하면 북극곰

얼룩말의 무늬는 왜 줄무늬일까?

여러 가지 설이 있지만 최근 가장 유력한 것은…

'방충제' 설

병원균을 옮기는 파리가 줄무늬를 안 좋아한다나.

'더위 방지' 설

검은 부분과 흰 부분의 온도 차가 공기의 소용돌이를 만들어 피부를 시원하게 유지한다. 실제로 얼룩말은 같은 지역에 사는 줄무늬 없는 포유류보다 체온이 3도 정도 낮다고 한다.

그렇다 해도 아직 줄무늬의 수수께끼는 풀리지 않았다! 여러 가지 가능성이 있는 신기한 줄무늬라 할 수 있다!

코알라
하루 종일 푹~

오스트레일리아에 서식하는 유대류

하루 중 18시간 가까이 잠을 잔다.

날카로운 발톱으로 나무를 잡는다. 하루에 1킬로그램의 유칼립투스 잎을 먹는다.

약 반년간 새끼를 '육아낭'이라고 부르는 주머니 안에서 키운다.

주머니에서 나온 뒤에도 당분간은 엄마에게 찰싹.

유칼립투스 잎에는 독이 있지만 코알라의 소화 기관에는 독을 없애는 박테리아가 있기 때문에 유칼립투스 잎을 먹을 수 있다.

유쾌한 생물 정보

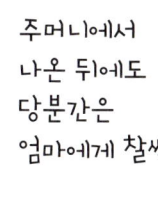

새끼가 가끔 어미의 엉덩이에 붙어서 똥을 먹기도 하는데, 이것은 '팝'이라고 하는 이유식이다. 새끼는 팝을 먹으면서 유칼립투스 잎 먹을 준비를 하는 것이다.

크기 78cm(수컷), 72cm(암컷)

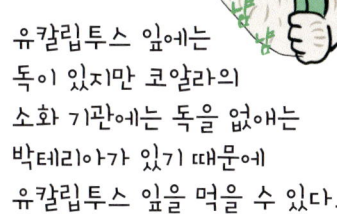

코알라 가방

▲ **분류** : 포유류·코알라과   ◗ **먹이** : 유칼립투스 잎   ▶ **서식지** : 오스트레일리아

숨겨진 모습

차이가…

코알라의 싸움은…
꽤 무섭다!?

너무나 귀엽고 태평해 보이는 코알라지만
코알라끼리의 싸움은 의외로 무섭다!

바아아봐바

고에에에

오우바

지옥 밑바닥에서 울려 퍼지는 소리라고도 불린다

데스메탈

싸움이 커지는 이유는 '나무 쟁탈' 때문이다.
마음에 드는 나무에 다른 코알라가 있으면
무시무시한 소리로 상대를 위협한다!

콱!

경우에 따라서는 할퀴거나 물어서 심각한 싸움이 되기도 한다!

힝~

다시는 오지 마.

그렇다고 해도 유칼립투스 잎을 먹는 것에 특화된
코알라의 이빨은 납작하기 때문에 상처가 그렇게
크게 나지는 않는다.

전치 3일

아파.

아프니까 자자.

항상 자고 있으면서.

오리너구리

자이언트판다
사랑받는 거대한 흑백 곰

동물원의 유명 인사! 대나무를 먹는 커다란 곰

하루에 14~16시간 정도는 대나무를 먹고 있다.

처음에 발견된 것은 레서판다!

어이, 내가 선배라고!

하루 스케줄 (잠/대나무/잠/대나무/작은 대나무)

원래 판다는 레서판다를 가리키는 말이다

'6번째 손가락'이라고 불리는 '가짜 엄지'로 대나무를 잘 잡는다.

동물원의 판다는 중국에서 빌려 온 판다이다.

아기 판다는 점점 흑백으로 변한다.

1년에 10억 원
감사~

죽으면 벌금이 5억 원이다.

유쾌한 생물 정보

판다는 동물원에서 쉽게 볼 수 있지만 야생 자이언트판다는 중국 사천성의 산악 지대에만 있다. 특징인 흑백의 몸은 눈이 남아 있는 산의 경사면과 몸 색깔을 비슷하게 만들어 몸을 숨기기 위함이라는 설이 있다.

크기 1.5~1.8m

요~

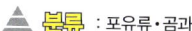

분류: 포유류·곰과   먹이: 대나무   서식지: 중국

숨겨진 모습

차이가…

판다, 사실은…
고기도 먹는다 !!

중국 사천성 등의 지역에서
가축으로 키우는 양이나 염소가 야생 판다에게
습격당해 잡아먹히는 사고가 일어나고 있다.

니 하오.

귀여운 아기 양

우앗!

판다는
초식 동물의 이미지가 강하지만
실제로는 고기도 소화가 가능한
잡식 동물이다.

채소 / 고기

⋯⋯

그린 눈으로 보지 마.

판다는 먹이 경쟁이 적은
조릿대나 대나무를 먹을 수 있게
진화되어 왔다고 알려졌지만,
먹을 수 있는 것은 뭐든지 먹는
'곰'이다.

겉모습

고릴라
정글의 상남자
정글에 서식하는 거대한 유인원

탄탄한 거구와 괴력의 소유자다. 악력이 500킬로그램이나 된다. 참고로 성인 남성의 악력이 47킬로그램 정도.

채소로 마초

식물을 듬뿍 먹고 근육질의 몸을 만든다.

성장하여 등 부분의 털이 은색이 된 '실버 백'의 수컷 중에서 리더가 선발되고 무리지어 생활한다.

음?
등으로 말한다.
나를 따르라
캬 캬

유쾌한 생물 정보

고릴라는 동고릴라와 서고릴라 2종류가 있는데 동고릴라는 풀이 주식이고, 서고릴라는 과일이 주식이다. 실제 야생 고릴라는 노란 바나나를 먹는 일이 거의 없다고 한다.

크기 185cm(동고릴라의 수컷)

불끈

거칠고 마초적인 고릴라지만…?

▲ **분류** : 포유류·성성이과　　● **먹이** : 풀, 잎, 과실　　▶ **서식지** : 아프리카 중앙부

숨겨진 모습

차이가…

사실 고릴라는 엄청…
온후하고 신경질적인 동물

자, 진정해~

퉁 퉁 퉁

가슴을 퉁퉁 두들겨서 소리를 내는 박력 있는 행동 '드러밍'은 고릴라의 대명사라고 할 수 있지만… 사실 드러밍은 '위협'이 아니고 '그만 싸우자'는 평화의 신호로도 생각할 수 있다.

보면 안 돼.

안 보여요.

으악!

고릴라는 기본적으로 폭력을 싫어하는 동물이다.

고릴라에게는 정말 까다로운 면도 있다. 동물원에 있는 고릴라는 작은 스트레스에도 설사를 하거나 우울해진다고 한다.

머리가 좋은 동물이어서 여러 가지로 고민도 많다.

몸 조심하세요.

드르륵~

큰수달
탁류에 숨는 큰 짐승

남아메리카에 서식하는 세계 최대의 수달

초롱초롱한 눈

입 주위의 수염을 센서로 활용해 먹이를 찾는다.

몸이 유연하고 꼬리 힘이 세 헤엄을 잘 친다.

가까운 부류인 작은발톱수달은 귀여워서 인기를 독차지한다.

발에는 물갈퀴가 있다.

첨벙 ······ 첨벙

야생 큰수달은 전 세계에 수천 마리밖에 없는 보기 드문 동물이다. 부끄러움을 타는 성격 때문에 잘 나타나지 않아서 발견하기 어렵다고 한다.

유쾌한 생물 정보

큰수달은 부부와 새끼로 이루어진 4~9마리 정도의 가족 단위로 생활한다. 가족의 유대가 매우 강해 사냥이나 영역 싸움 등 무슨 일이든 가족 모두가 힘을 합친다.

크기 : 2m

큰수달

작은발톱수달

▲ **분류** : 포유류・족제비과   🌀 **먹이** : 물고기, 새우나 게   ▶ **서식지** : 남아메리카

숨겨진 모습

차이가…

큰수달은…
웃으면서 악어를 공격한다?

무서워.

왁!

큰수달의 주식은 바로 피라니아!
하루에 3~4킬로그램의 물고기를 먹는 대식가다.

놀라운 것은 난폭한 악어를 공격해서 먹어 치우는 일도 있다는 사실!

온 가족이 함께 힘을 모아 악어를 사냥한다.
아홉 가지 종류의 목소리를 적절히 사용해 의사소통을 한다는 설도 있다.

으악

하하하!
하하하!
하하하!

사냥이 한창일 때 웃음소리 비슷한 새끼들의 목소리가 울려퍼지는데, 이 소리는 정말 섬뜩하다.

작은발톱수달

무서워.

너도 먹을 때는 꽤 무서워.

우걱 우걱~

멧돼지
저돌적인 돌진?

뛰어난 신체 능력을 가진 파워풀한 동물!

근육이 발달되어 산속을 시속 45킬로미터 속도로 달린다.

후각도 발달되어 있다.

킁킁

수 킬로미터 정도라면 바다를 헤엄쳐서 건너는 것도 가능하다.

평생 덧니가 계속해서 자라나 입을 다물어도 삐져나올 정도다.

다리 앞쪽에는 2개의 발톱 이외에도 좌우에 2개의 발굽이 있어 비탈길이나 암벽에서 미끄러지지 않도록 돕는다.

'저돌적인 돌진'은 말 그대로 강력한 돌진! 야생의 멧돼지에게 함부로 다가가는 것은 위험하다.

헉!

한번 달리기 시작하면 그 누구도 멈추게 할 수 없다?

유쾌한 생물 정보

일본에는 일본멧돼지와 오키나와의 류큐멧돼지가 있다. 멧돼지는 야산을 뛰어다니는 이미지가 강하지만 새끼를 키울 때는 땅을 파내어 깊지 않은 구멍을 만들고 그곳에 풀이나 나뭇가지를 깔고 생활한다.

크기 : 90~180cm

음지 음지.

거기가 아냐.

참외

보호색 줄무늬가 참외와 닮아서 일본에서는 새끼 멧돼지를 참외동이라고 부른다.

▲ **분류** : 포유류・멧돼지과　　◀ **먹이** : 과일, 풀, 작은 동물 등　　▶ **서식지** : 일본, 유럽 등

숨겨진 모습

깜짝이야!

멧돼지는…
급브레이크나 방향 전환이 가능하다!

누구도 멈추게 할 수 없는 기세로 맹렬히 돌진해 오는 멧돼지. 그렇지만 멧돼지를 향해서 우산을 펴면…?

놀라서 급브레이크를 걸어 도망가는 경우도 있다고 한다.
'저돌적으로 돌진하는' 멧돼지도 경우에 따라서는 브레이크를 걸거나 방향을 전환한다.

그러니까 반대로 말하면 부드럽게 방향을 바꿔서 달릴 수 있다는 사실.

멈춘 상태에서 수직으로 1미터가 넘는 높이를 점프하는 것도 가능하다.

역시 야생 멧돼지는 만나지 않는 게 가장 좋을 것 같다.

날 내버려 둬.

너구리
옆집의 귀염둥이

옛날부터 일본인 가까이에 사는 포유류

보통 산속에서 생활한다. 옛날이야기나 동요, 민담에 자주 등장해 일본 문화에 깊이 뿌리 내리고 있는 동물이다.

사냥꾼의 총성에 놀라서 기절해 버린다.

나중에 깨어나서 도망가는 경우도 있어서 일본에서는 '너구리처럼 잔다 (자는 척한다는 의미)'는 말의 유래가 되었다.

동화 속에서는 나쁜 상황에 처할 때도 많다.

도시에서도 간혹 보일 때가 있다.

일본인에게는 친근한 너구리지만…?

유쾌한 생물 정보

잡식성으로 뭐든지 먹지만 곤충이나 과일을 좋아한다. 특히 밤에 활동하고 여름에는 가장 좋아하는 먹이인 투구풍뎅이를 노린다. 공동화장실을 만들어 같은 곳에서 똥을 누는 습성이 있고 영역을 주장한다.

크기 : 50cm

▲ **분류** : 포유류·갯과 ● **먹이** : 곤충, 과일, 작은 동물 ▶ **서식지** : 일본, 동아시아

숨겨진 모습 — 깜짝이야!

너구리는…
세계적으로는 상당히 드물다!

세계 너구리 지도

일본에서는 너구리를 자주 볼 수 있지만 세계적으로 보면 동아시아 일부에만 서식하는 굉장히 보기 드문 동물이다.

- Racoon 라쿤
- Dog 개
- Racoon dog 라쿤 개

너구리는 영어로 'racoon dog 라쿤 개'라고 하며, '짖지 않는 개'라고도 불린다.

그만해 / 너구리라니까.

일본과 싱가포르가 시행하는 '동물 교환 프로그램'에서는 세계 3대 희귀 동물인 '애기하마'와 교환되었다.

동물 교환 카드

너구리 — 배가 불룩 튀어나온 귀여운 동물

애기하마 — 보통 하마의 3분의 1 크기의 희귀 하마

기후가 다른 싱가포르에서도 개와 같은 방식으로 키우면 살 수 있다고 한다. 역시 강인한 동물이다.

어서 와~ / 뭐 하니?

붉은캥거루
점프하는 부모와 자식

오스트레일리아에 서식하는 세계 최대의 유대류!

힘이 강한 뒷발! 점프하면서 달리는 속도가 시속 70킬로미터나 된다.

캥거루 같은 유대류는 '육아낭'이라는 주머니에서 새끼를 수개월 동안 키운다.

한 번의 점프로 8미터 거리를 뛴다. 점프 높이는 2미터나 된다.

주머니 안에는 젖꼭지가 있다. 대소변도 주머니 안에서 해결하는 것 같다.

기저귀

갓 태어난 새끼는 아주 작다.

엄마

딸기

뽕뽕 뛰어 달리는 귀여운 캥거루지만…?

유쾌한 생물정보

초원에서 큰 무리를 지어 사는 초식 동물. 수컷은 몸 색깔이 빨갛고 암컷은 회색이다. 수컷이 빨간색인 이유는 흥분했을 때 목이나 가슴에서 나오는 빨간 액세에 물들기 때문이다.

크기 : 160cm

잠버릇이 사납다.

▲ **분류** : 포유류・캥거루과　　🍃 **먹이** : 풀　　▶ **서식지** : 오스트레일리아

숨겨진 모습

차이가…

캥거루는…
'다섯 개'의 다리를 이용해 싸운다!?

훌륭하게 성장한 수컷은 귀여움을 잃고 남성적인 근육을 얻는다.
수컷끼리 벌이는 육탄전은 굉장히 격렬하다!
캥거루는 상당한 싸움꾼이다.

부탁해.

덤벼!

이야아ㅡ앗

오스트레일리아에서는 반려견에게 헤드록을 건 캥거루도 있다고…

컥 컥

이 앗

다부진 근육으로 이루어진 꼬리는 전신을 지지할 수 있다. 말하자면 다섯 번째 다리! 이것으로 앞발, 뒷발을 더 자유롭게 이용해 싸울 수 있다.

특히 파워풀한 뒷발을 뻗어 차는 힘이 강력하다.

사람이 맞으면 치명적인 상처를 입을 수도…!

덤벼!

으악!

털썩

캥거루와 싸울 생각은 절대로 하지 않는 게 좋다!

그런데 헤드록을 당한 개의 주인이 캥거루에게 역습을 가했다고 한다.

윽!

이 앗

우리 개한테 손대지 마.

따라하면 안 돼요.

겉모습

다람쥐원숭이
원숭이예요!

> 남쪽 섬(마다가스카르)에 살고 있다.
> 동요에도 자주 나오는 원숭이의 친구!

아프리카

마다가스카르

큰 귀

동그란 눈

쥐나 다람쥐처럼 날카로운 앞니가 있다.

열대 우림의 나무 위에서 생활한다.

호두보다 껍질이 3배 정도 두꺼운 '라미'라는 씨를 뜯어먹는다.

긴 중간 손가락으로 나무를 두드려 벌레를 찾는다.

긴 꼬리

발견하면 손가락으로 벌레를 끄집어 낸다.

부드득 부드득

누구 있어요? / 똑 똑 / 없어요. / 아~앙 / 으먁!

유쾌한 생물정보

다람쥐원숭이라는 이름은 울음소리에서 따온 것이다. 손가락이 길어 손가락 원숭이라고도 불린다. 밤에 활동하고 낮에는 나무 위의 집에서 잔다. 혼자 생활하며 무리를 만들지 않는다.

크기 : 36~44cm

달팽이 → / 매매해. / 시끄러워!

▲ 분류 : 포유류·다람쥐원숭이과   ◀ 먹이 : 과실, 곤충   ▶ 서식지 : 마다가스카르 섬

숨겨진 모습

차이가…

마다가스카르에서 다람쥐원숭이는…
악마의 화신이다!

귀여운 이미지의 다람쥐원숭이지만 서식지인 마다가스카르에서는 '악마의 화신'으로 불리는 무서운 동물이다.

크게 부릅뜬 눈과 거대한 귀, 비정상적으로 긴 손가락이 '악마'의 모습을 연상시키는 것도 무리는 아니다. 실제로 코코넛 같은 작물을 망치는 경우도 있어 미움받고 있다.

그러나 '발견했을 때 죽여서 묻지 않으면 불운이 닥친다'는 전설 때문에 한동안은 멸종 위기에 처하기도 했다! 귀여운 동요는 그런 곳에 널리 퍼뜨려야 하는 것인지도 모르겠다.

악마의 무덤
너무해.

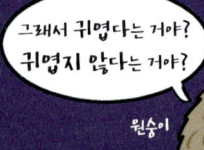
그래서 귀엽다는 거야? 귀엽지 않다는 거야?
원숭이

매매하네.

매매해!
달팽이

해달
둥둥 떠다녀요

북아메리카와 아시아의 태평양에 서식하는 포유류!

가리비, 꽃게, 성게 등 상당히 미식가적인 식생활을 한다.

해저에서 조개를 잡은 뒤 바위에 내리쳐서 먹는다.

해달 물덮밥 나왔습니다.

우왓! 탁 탁

털가죽은 보온과 방수가 된다. 새끼를 가슴에 올려 놓고 키운다.

다리에는 물갈퀴가 있다.

마음에 드는 돌은 소중하게 몸에 지닌다.

돌을 넣을 수 있는 주머니도 있다!
← 이 근처

수면에 둥실둥실 떠다니면서 한가롭게 생활하는 것처럼 보이지만…?

유쾌한 생물 정보

바다에 살고 있지만 족제비 무리로 성게나 조개를 엄청 좋아한다. 엄청난 대식가로 하루에 체중의 4분의 1 정도를 먹는다. 일본에서는 홋카이도의 네무로 지역 등에서 야생 해달을 볼 수 있다.

크기 : 120~150cm

음, 아주 좋아~.

▲ **분류** : 포유류 • 족제비과   🦪 **먹이** : 생선, 조개, 성게, 갑각류   ▶ **서식지** : 북태평양

숨겨진 모습

깜짝이야!

해달의 물속 생활은…
목숨을 건 생활!

물에 둥둥 떠다니는 해달의 생활은 언뜻 편안해 보이지만 사실은 목숨을 건 생활이다! 자고 있는 사이 물살에 떠내려가지 않기 위해 다시마를 휘감아 생명줄로 삼는다.

안전 다시마

헉!

해달은 항상 털을 깨끗하게 유지해야 한다. 털 사이에 모인 공기가 물에 뜨기 위한 '부력'의 밑천이 되기 때문이다. 털 관리를 게을리하면 물에 떠내려가거나 얼어 죽을 위험에 처할 수도….

배부를 수 없지.

열심이군.

으악!

첨벙 첨벙

모른 척!

게다가 최근에는 먹이가 줄어든 탓에 범고래가 해달을 습격하는 경우도 있다고 한다. 한가롭게 보이지만 사실 바다 생활은 힘든 것이다!

무서운 바다

으악!

흰수염고래
지구 역사상 가장 큰 동물

세계 최대일 뿐 아니라 지구 역사상 가장 큰 몸집을 가지고 있는 동물이다!

몸길이는 약 25미터(최대 30미터가 넘는 것도 있다).
몸무게가 200톤이나 되는 무지막지하게 거대한 체구다.

'흰수염고래'라는 이름은 물 위에서 하얗게 보이는 것에서 유래한 말이다.

Q 역사상 가장 크다는 걸 어떻게 알 수 있나요?

A

육상동물(공룡 등)은 몸이 너무 크면 살아갈 수 없다. 물속에서도 식량이 부족해져 거대한 체구를 유지하는 것이 불가능했을 것이다. 따라서 흰수염고래의 크기가 동물로서는 '한계'라고 생각하는 것이다.

유쾌한 생물정보

역사상 가장 큰 동물인 만큼 어른이 되면 천적이 거의 존재하지 않는다. 그 결과 상당히 오래 살아 100살을 넘는 것이 보통이다. 새끼도 최장 7m, 체중 2t의 메가톤급이다.

▲ **분류**: 포유류·큰고래과 ◑ **먹이**: 크릴 ▶ **서식지**: 세계의 바다

숨겨진 모습

흰수염고래는…
입을 여는 것도 큰일!

무지막지하게 거대한 체구를 가지고 있는 흰수염고래에게는 식사를 하기 위해서 입을 여는 것조차 큰일이다!

입을 가장 크게 열면 10미터나 되어서, 이 큰 입을 여는 것만으로도 대량의 에너지가 소비된다. 그리고 입을 열 때는 헤엄 속도를 줄여야 하며 다시 속도를 올리는 데도 큰 힘이 든다. 하루에도 수 톤의 크릴을 먹는다고 알려져 있는데 기본적으로는 커다란 무리를 쫓는다. 지구상에서 가장 큰 체구를 가지고 있는 동물이지만 조그마한 움직임에도 신중해야 할 필요가 있는 것이다.

(작은 크릴 무리는 그냥 지나치는 경우도 있다.)

범고래
흑백의 거대한 그림자

바다 먹이사슬 정점에 위치한 최강 포유류!

힘센 꼬리지느러미

등지느러미의 길이로 수컷, 암컷을 구별할 수 있다.

까아 (암컷) / 기다려~ / 우후후 (수컷)

위쪽과 아래쪽 턱에는 길이가 10센티미터나 되는 이빨이 10~12개가 있다.

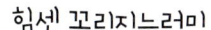
바다표범, 북금곰, 돌고래, 고래, 게다가 백상아리까지 공격한다.

'킬러고래'라는 영어 이름에 걸맞는 전투력을 갖고 있다.

몸집에 비해 작은 가슴지느러미로는 방향을 바꿀 수 있다.

바다의 지배자 범고래는 고고한 왕자인가…?

유쾌한 생물정보

암컷을 중심으로 무리 지어 산다. 무리에서는 엄마와 딸의 유대가 강하고 수컷은 어른이 되기 전에 무리를 떠난다. 암컷은 5~6년에 한 번씩 새끼를 낳는다. 새끼는 일 년 정도 젖을 먹는다.

크기 : 8m(수컷), 7m(암컷)

내려와~ / 수족관에서 인기 최고!

▲ **분류** : 포유류·돌고래과   🌀 **먹이** : 바다표범 등의 바다짐승, 물고기 등   ▶ **서식지** : 세계의 바다

숨겨진 모습

깜짝이야!

범고래는…
팀워크가 뛰어나다!

바다 최강의 포유류인 범고래, 심지어 고도의 사회성까지 갖추고 있다!
(소리로 의사소통을 한다.)

여러 마리의 범고래가 협력해 얼음을 향해 헤엄치며 큰 물결을 일으켜 바다표범을 바다로 떨어뜨린다.

흑동고래의 부모로부터 새끼를 떨어뜨려 놓은 뒤 위에서 덮쳐 질식시켜 죽인다.

지구에서 가장 큰 동물인 흰수염고래에게도 집단으로 몸을 부딪혀 시비를 건다.

야.

야.

그만해!

이것은 잡아먹기 위해서가 아니라 놀기 위해서다.
(놀이는 고도의 사회성을 증명한다.)

안 그래도 바다에서 가장 센 힘을 자랑하는 범고래가 지성과 팀워크까지 갖추고 있다는데…. 감히 누가 맞설 수 있을까?

*새도 공격한다.

새는 상관없겠지?

얼룩무늬물범
남극의 펭귄 킬러

 겉모습

남극에 사는 육식 바다표범!

날카로운 이빨로 먹이를 베어 자른다.

쩌-억

얼룩무늬물범끼리 서로 먹이를 빼앗으려고 싸울 때도 있다.

덥석

내놔.

펭귄이나 어린 물개 등을 잡아 바다 밑에 숨겨 보관할 때도 있다.

펭귄뿐 아니라 물개 새끼도 잡아먹는다!

사람을 공격해 바다에 끌어당기기도 하는 위험한 동물이지만…?

으악!

유쾌한 생물 정보

남극해에는 적이 거의 없기 때문에 무엇이든 잡아먹는다. 살며시 다가가 바위틈에 숨어 있는 물고기를 노리거나, 적극적으로 헤엄쳐 펭귄을 쫓는 등 사냥 방법도 여러 가지다.

크기 : 241~338cm

표범의 2배 정도

▲ **분류** : 포유류·바다표범과　　● **먹이** : 새우, 물고기, 바다짐승, 새 등　　▶ **서식지** : 남극해

숨겨진 모습

깜짝이야!

얼룩무늬물범은…
사람에게 먹이를 준 적도 있다!

어떤 다이버가 남극에서 수중 촬영을 하고 있을 때 얼룩무늬물범이 출현! 난폭하기로 유명한 얼룩무늬물범이 돌진하자 다이버는 벌벌 떨었다.

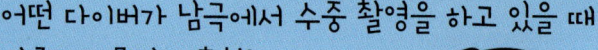

!!!

크오오오-

그런데 그 얼룩무늬물범은 다이버에게 자신이 잡은 펭귄을 나눠 주었다.

먹어.

고마워….

잠수복을 입은 사람이 배가 고픈 동료로 보였던 것일까…?

얼룩무늬물범은 다이버가 펭귄을 먹지 않자 정이 떨어져서 가 버렸다고 한다. 아주 추운 곳에 사는 무자비한 육식 바다표범이지만 의외의 따뜻함을 느낄 수 있는 에피소드다.

기껏 줬더니.

휙

먹기 쉬운 절반 크기

돌묵상어

무엇이든 삼켜 버릴 것 같은 거대 상어

최대급의 상어이면서 세계에서 두 번째로 큰 물고기!
(1위는 고래상어)

불렀냐?

입의 가로 길이가 1미터나 된다.

쩌억

먹이를 먹을 때 커다랗게 열린다.

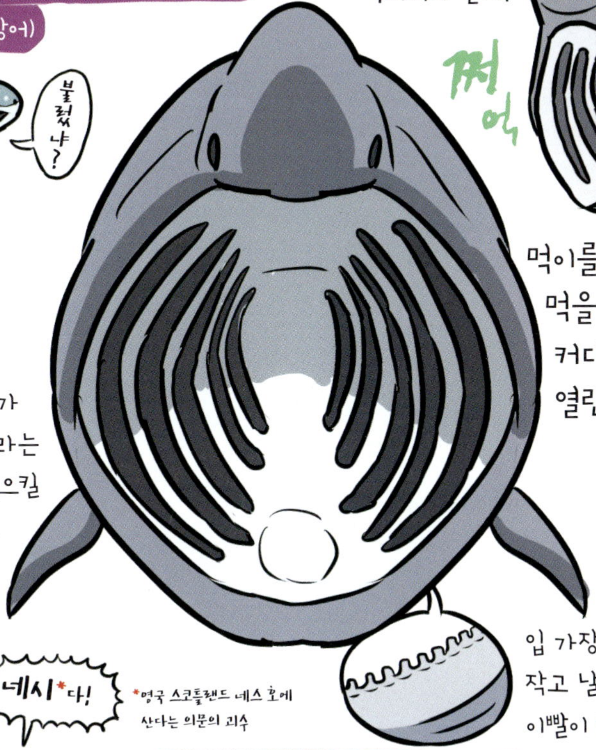

커다란 시체가 미확인 동물이라는 착각을 불러일으킬 때도 있다.

네시*다!

*영국 스코틀랜드 네스 호에 산다는 의문의 괴수

아니거든

입 가장자리에는 작고 날카로운 이빨이 많이 나 있다.

거대한 입으로 무엇이든 삼켜 버릴 듯한 공포를 불러일으키지만…?

유쾌한 생물정보

크기 : 10m, 드물게 15m

헉!

거대한 입안에는 굉장히 작은 이빨이 많이 나 있다. 세계에서 가장 큰 고래상어나 심해의 거대 상어, 넓은주둥이상어도 같은 특징을 가지고 있다.

▲ **분류** : 어류•돌묵상어과 ● **먹이** : 플랑크톤 ▶ **서식지** : 세계 곳곳의 온대, 한대 시역

57

숨겨진 모습

돌묵상어는… 크지만 무섭지 않다…!?

초거대 상어인 돌묵상어는 겉보기에는 무섭지만 사람을 먹는 일은 일단 없다!

돌묵상어는 입을 벌리고 천천히 헤엄치며 물속의 플랑크톤을 먹는다.

아가미로 바닷물에 섞여 있는 플랑크톤을 걸러 낸다.

돌묵상어는 영어로는 '일광욕상어' 등 느긋한 이미지의 이름으로 불린다.

코끼리상어라는 이름도 있지.

다이버와 같이 헤엄을 치기도 한다.

움직임이 느리고 말린 상어 지느러미를 찾는 사람이 많아서 많이 잡히곤 했다.
(지금은 조약으로 규제되고 있다.)

말린 상어 지느러미는 최고급 재료

그런 느긋한 행동 때문에 일본에서는 '바보상어'로도 불린다.
너무 심한 이야기다.

참다랑어
바다의 스피드 왕

겉모습

빠른 속도로 헤엄쳐 바다의 탄환이라고 불리는 물고기! 모든 것을 스피드에 바친 듯한 몸의 형태다.

슈우웅~
지지 말아.
탄환

지느러미를 빠르게 움직이기 위해 근육이 튀어나와 있다. 기본적으로는 지느러미를 이용해 헤엄친다.

으악

다른 지느러미는 방향을 바꿀 때 쓴다.

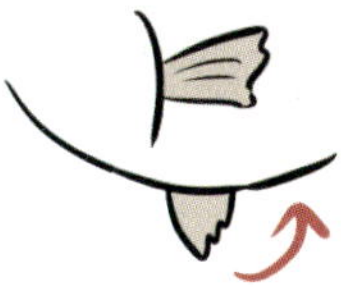

사용하지 않는 지느러미는 접어서 헤엄에 방해가 되지 않게 한다.

무리 지어 헤엄치며 정어리 등의 무리를 덮쳐 잡아먹는다.

시속 80킬로미터로 헤엄친다는 소문도 있지만…!?

유쾌한 생물정보

참치 종류 중 가장 크다. 넓은 바다를 여기저기 헤엄치면서 살며, 일본에서 미국 서해안까지 헤엄칠 때도 있다. 일본 근해에서는 봄에는 북쪽으로, 가을과 겨울에는 남쪽으로 이동한다.

크기 : 3m
중뱃살 대뱃살 특대뱃살

▲ **분류** : 어류·고등어과   **먹이** : 물고기, 오징어   ▶ **서식지** : 일본 근해, 태평양, 대서양 일부

숨겨진 모습

깜짝이야!

사실 참치는…
평생 헤엄치는 마라톤 선수

빠른 속도로 헤엄치는 이미지가 강하지만, 굳이 따지자면 참치는 장거리 마라톤 선수 같은 생활을 한다! 참치는 산소를 흡입하기 위해 계속 헤엄쳐야 하며 멈추면 죽는다.

계속 달려!
참치

……
자고 있다

물고기는 보통 바위나 물풀 뒤에 몸을 숨기고 가만히 있을 때가 있는데, 이것은 사람으로 치면 '수면'에 해당한다(눈은 감지 않는다).

하지만 참치는 평생 한 번도 멈추지 않고 계속 헤엄을 치며, 평균 속도는 시속 7킬로미터 정도 라고 한다.

최고 시속은 18킬로미터 정도이다.

사람의 조깅 속도

자전거 정도
우오오오~.
지지 않겠어.

참치는 '바다의 총알'이라는 별명과 달리 오히려 장거리 선수 쪽에 가깝다. 그러나 험난한 바닷속 세계에서 빠르다고 꼭 좋은 것은 아니다. 참치는 오랜 세월 진화하면서 최적의 스피드를 획득한 것뿐이다.

물어!
으악!

친붕장어
흔들흔들, 꿈틀꿈틀

무리 지어 사는 가늘고 긴 물고기!
몸의 절반이 모래에 묻혀 있다.

일본 개의 한 종류인 '친(狆)' 종과 닮은 데서 이름이 유래했다.

흔들흔들 떠내려 오는 작은 먹이를 먹는다.

친붕장어

'니시키붕장어'라고 하는 다른 종류

닮긴 닮았어.

적이 다가오면 빠르게 구멍 속으로 숨는다.

배의 검은 부분이 항문이고 그 뒤로는 전부 '꼬리'.

꼬리는 모래를 헤치기 좋게 딱딱하다.

떠내려오는 똥을 먹어 버리는 경우도….

전신을 드러내 헤엄칠 때도 있다.

유쾌한 생물 정보

일본에서는 고치현보다 남쪽의 따뜻한 바닷가 모래에 살고 있다. 꼬리로 모래를 판 뒤 구멍을 굳히기 위해 몸에서 점액을 뿜어낸다. 구멍의 깊이는 체중의 2배 이상 되는 경우도 있다.

크기 : 36cm

바람에 흔들리는 식물처럼 흔들리는 모습이 우아하다?

분류 : 어류·붕장어과   **먹이** : 플랑크톤   **서식지** : 서대서양, 인도양

숨겨진 모습

차이가…

친붕장어의 싸움은…
의외로 치열하다!

봉제 인형

푹신푹신한 캐릭터 상품으로도 많이 제작될 정도로 귀엽고 인기 있는 친붕장어. 평소에는 사이좋게 바닷물의 흐름에 맞춰 같은 방향으로 이동하지만 영역 의식이 강하기 때문에 싸움이 되는 경우도 많다.

3~4마리의 친붕장어가 뒤섞여 배틀로얄이 될 때도 있다.

의외로 거친 친붕장어의 생활, 수족관에서도 관찰할 수 있다.

친종

별로 박력은 없네.

피라니아
피에 굶주린 살인 물고기?

칼처럼 날카로운 이빨을 가진 열대 물고기!

상어의 이빨과도 닮았다.

무는 힘은 체중의 3배.

뛰어난 후각으로 피 냄새를 맡는다!

피라니아의 종류는 여러 가지

나테리 피라니아 - 배가 빨간색
블랙 피라니아 - 최대 50센티미터
자이언트 옐로 피라니아 - 성질이 거침

강에 빠진 사람이나 동물을 무리 지어 공격해서 뼈로 만든다고 하는 무서운 이미지지만…?

꺼억~
분하다

유쾌한 생물정보

피라니아 나테리는 이빨이나 부레를 써서 소리를 내기 때문에, 몇 가지 종류의 소리로 의사소통을 하는 것으로 여겨진다. 사람에게 '오지 마!'라고 위협을 하는 듯하다.

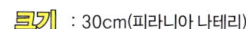
크기 : 30cm(피라니아 나테리)

피라니아가 든 물고기 잡기 놀이라니, 대단해!

▲ **분류** : 어류·세라살무스과 ◀ **먹이** : 물고기, 죽은 동물 ▶ **서식지** : 남아메리카

숨겨진 모습

차이가…

피라니아는 사실…
엄청 겁이 많다!

사실 피라니아는 조심성이 많은 겁쟁이 물고기다. 무언가가 강에 들어오면 (대부분의 물고기와 마찬가지로) 당황해서 우왕좌왕한다.

다만 피 냄새에 흥분하기 때문에 출혈이 있거나 무리를 자극하면 습격당할 가능성도 있다.

악어나 돌고래에게 먹힐 때도 있다.

채식주의 피라니아도 있다.

고기는 없네.

피라니아의 이미지는 영화나 텔레비전 방송을 통해 만들어진 것이라고 할 수 있겠다.

공포 Q 피라니아 돌격 취재! 고기를 좋아합니까?

좋아하긴 하지만….

타이탄트리거피시

산호초의 거대 물고기
바다 밑에 사는 커다란 물고기!

어린 물고기일 때는 몸에 참깨 같은 무늬가 있다.

날카로운 이빨로 산호, 게, 새우, 성게 등을 먹는다.

으드득 으드득

으악!

타이탄트리거피시가 속해 있는 타이탄트리거피시과에는 아름다운 무늬를 가진 물고기가 많다

파랑쥐치

리프트리거피시

피카소트리거피시

보통은 온순하고 겁이 많은 물고기지만…?

유쾌한 생물 정보

검은색과 금빛이 섞인 화려한 물고기. 무리 짓는 일은 없고 혼자서 헤엄칠 때가 많다. 딱딱한 먹이도 으드득 으드득 부술 수 있는 것은 입안에 앵무새 주둥이 같은 날카로운 이빨이 있기 때문이다.

크기 : 75cm
점박이 물범
무서워!
어린 물고기

분류 : 어류·몽가라카와하기과　　**먹이** : 산호, 게, 조개, 성게　　**서식지** : 서대서양, 인노양

 숨겨진 모습

차이가…

타이탄트리거피시는…
다이버가 가장 무서워하는 물고기!

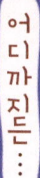

무심코 영역을 침범하면 !!

어디까지든…

어디까지든…

쫓아온다!!

으아아아악

타이탄트리거피시는 번식기가 되면 영역에 들어온 침입자를 집요하게 쫓아가 날카로운 이빨로 물어뜯는다! 큰 상처를 입히는 경우도 있기 때문에 새끼와 같이 있는 타이탄트리거피시를 보면 '도망쳐!'라는 게 다이버의 철칙! 어떤 의미에서는 상어보다 더 두려운 물고기다.

다이빙 수트를 물어뜯는 경우도 있다.

아야

이제 괜찮다~

사람이 어떤 행동을 하지 않았음에도 가까이 간 것만으로 쫓아오는 바다 생물은 드물다. 그만큼 육아에 필사적이라는 뜻이다.

참고로 타이탄트리거피시의 일본어 이름은 '참깨무늬'다.

진격의 타이탄

으악!

원앙
영원한 사랑을 서약하는 새?

번식기의 수컷은 상당히 화려한 날개를 갖고 있다!

여름에는 깃털이 빠져서 수컷도 수수하다.

여름

이것도 괜찮지 않아?

겨울이 되면 일본에서도 수컷과 암컷이 한 쌍이 되어서 바싹 붙어 지내는 모습을 볼 수 있다.

훨훨 훨훨

다시 태어났음

원앙지계

중국 춘추시대의 전설에 의하면… 비극적인 생애를 보낸 부부의 무덤을 지키는 나무 위에서 원앙의 수컷과 암컷이 하루 종일 울었다고 한다. 사이가 좋은 부부를 '원앙 부부'라고 부르기도 한다.

유쾌한 생물 정보

일본에서는 일 년 내내 볼 수 있지만 세계적으로는 동아시아에만 사는 희귀한 새다. 높은 나무 위에 구멍을 만들어 둥지를 튼다. 알에서 태어난 새끼는 크게 점프해서 구멍 밖으로 나온다.

크기 : 45cm

▲ **분류** : 조류·오리과   🌰 **먹이** : 도토리, 곤충, 씨   ▶ **서식지** : 동아시아

숨겨진 모습

원앙은 사실… 매년 상대를 바꾼다!

언뜻 보기에는 사랑이 넘치는 원앙이지만 원앙 부부의 사이가 좋은 것은 알이 태어나기 전까지다.

1년 후…
사실 '원앙 부부'는 매년 상대를 바꾸어서 번식한다.

수컷 원앙은 암컷이 알을 낳으면 암컷 곁을 떠난다.
그리고 다음 해에는 다시 번식을 한다.
(암컷도 다른 상대를 찾는다.)
'원앙 부부'로 사는 기간은 반년에도 미치지 못한다!
실망할지 모르겠지만 원앙에게는 이것이 새끼를 만드는 합리적인 방법일 것이다.

참고로
독수리 같은 맹금류는 평생 같은 상대와 산다.

매

제일 빠른 맹금류

조류 중 가장 빠른 속도로 나는 새!

공중에서 먹이로 달려든다.

고층 건물에서 새끼를 키우기도 한다.

급강하할 때의 가장 빠른 속도는 시속 300킬로미터에 달한다!

원래 거처인 절벽과 닮아서 마음에 드는 것일까?

코 모양이 독특해서 초고속으로 나는 중에도 호흡이 가능하다!

뿡 뿡

현재 일본 신칸센의 최고 속도가 320킬로미터이다.

슝—

따라오지 마!

이 구조는 제트엔진의 흡기구에도 응용되고 있다.

매 항공

멋있는 새의 대표급이지만…?

유쾌한 생물정보

참매나 올빼미와 같이 날카로운 발톱으로 사냥하는 맹금류의 한 종류다. 절벽 위 같은 높은 곳에서 잠복하고 있다가 비둘기나 직박구리가 다가오면 고속비행하여 잡는다.

크기 : 41cm(수컷), 49cm(암컷)

비둘기를 가볍게 나른다.

가볍지 않다고.

으악!

300~500g

분류 : 조류·매과   먹이 : 새   서식지 : 세계 곳곳

숨겨진 모습 — 깜짝이야!

매는 사실…
잉꼬에 가까운 동물!

매는 오랜 세월 동안 참매의 한 종류라고 생각되어 왔지만, 최근 잉꼬나 참새에 가까운 새로 판명되었다.

두개골의 모양이나 구조는 참매와 크게 다르다고 한다.

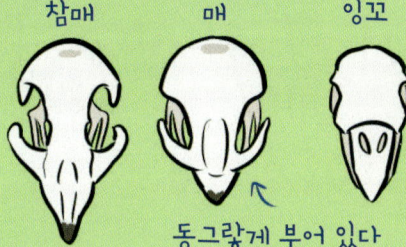

DNA를 조사한 결과 참매와 매가 닮은 것은 말하자면 '우연히 닮은' 것이다. 즉 '수렴 진화'라는 것! 사냥 스타일이 닮아서 어쩌다 보니 겉모습도 비슷하게 진화한 것이다. 그렇다 해도 매가 세계에서 가장 빠르고 멋진 새라는 사실은 바뀌지 않을 것이다.

독수리
대자연의 청소부

죽은 동물의 고기를 먹는 커다란 새!

날카로운 부리로 죽은 고기를 찢는다.

독수리는 강력한 위산(ph 0~1)을 가지고 있다. 금속을 녹일 수 있을 정도의 독한 산으로 죽은 고기 속의 바이러스를 죽인다.

죽은 동물의 고기를 먹기 때문에 썩은 사체가 오랫동안 방치되는 일이 줄어든다. 자연계의 '청소부' 역할을 하고 있는 셈이다. 육식 동물이 먹는 총량보다 더 많은 고기를 먹는다고 한다.

  개의 위산은 ph4.5이고 식초는 ph2.4 정도이다.

독수리는 아프리카와 아시아에 13종류가 있다. 일본에도 가끔 검은녹수리가 길을 잃고 날아오는 경우가 있다. 눈이 상당히 좋아, 날면서 땅에 있는 사체를 발견하는 뛰어난 기술이 있다.

화내는 **사자**

크기 : 98cm(아프리카흰등독수리)

죽은 고기를 같이 찾는 친구

▲ **분류** : 조류·수리과   ● **먹이** : 죽은 동물의 고기   ▶ **서식지** : 아프리카 등

숨겨진 모습

깜짝이야!

독수리의 대머리는…
질병을 예방해 주는 고마운 역할을 한다!

독수리의 머리에는 왜 털이 없을까?
사실 거기에는 확실한 이유가 있다.

응? 기분 나빠. 덕지덕지

독수리는 동물의 사체에
머리를 박고 고기나 내장을
먹기 때문에
식사할 때마다 더러운
피나 고기가 묻는다!
만약에 머리에 털이 많으면
털 사이에 바이러스가
생겨 병에 걸렸을 것이다.
털이 없는 머리에는
질병을 예방하는 역할이 있었던 것이다.

선샤인~

햇볕이 직접
피부에 닿기
때문에
살균 효과도….

심고로
방수성도 높다.
독수리의 머리는 (다른 새와 비교해)
아름답지는 않을지 몰라도
건강을 지켜 주는
뛰어난 기능이 있다.

오늘은 어떻게 하시셨습니까?

늘 하던 대로요.

플라밍고

분홍빛 파이어

긴 목과 분홍빛 몸 색깔이 특징적인 물새!

아래로 구부러진 부리로 물속의 작은 동물을 먹는다.

이름의 유래는 라틴어의 '불꽃'이다.
타는 듯한 분홍빛으로 수천에서 100만 마리에 달하는 큰 무리를 만든다.

무리가 날아 오르는 모습이 굉장히 아름답다.

어때?

부리는 필터처럼 되어 있어 먹이를 잘 가려 낸다. 부리를 상하 거꾸로 해서 파고든다.

첨벙 첨벙

ZZZ

잘 때는 한쪽 다리로 선다. 균형 감각이 매우 좋다.

유쾌한 생물 정보

플라밍고는 전 세계에 6종이 있다. 특히 아프리카나 남아메리카의 높은 산에 산다. 구애를 할 때 깃발처럼 목을 좌우로 흔들거나 날개를 펴는 우아한 춤을 춘다.

크기 : 145cm

플라밍고의 호수
좋네.

- **분류** : 조류・플라밍고과
- **먹이** : 갑각류, 조류
- **서식지** : 아프리카, 남아메리카 등

숨겨진 모습

> 깜짝이야!

플라밍고는…
태어날 때부터 분홍색은 아니다!

태어난 직후의 플라밍고는 회색으로 새끼일 때 털갈이를 하면 흰색이 된다.

그렇다, 플라밍고는 처음부터 분홍색은 아닌 것이다!

> 흐흥

특정 색소를 포함하는 플랑크톤이나 조류를 먹기 때문에 점점 몸이 분홍색으로 변한다. 먹지 않으면 몸 색깔은 원래대로 돌아간다.

> 칠하는 걸 잊었네.

흰색 플라밍고

'먹는 것만으로 색깔이 바뀌다니!' 하고 놀랄지 모르지만, 예를 들면 사람도 카로티노이드가 포함되어 있는 식품(당근이나 호박)을 계속 먹으면 피부가 주황색이 될 수도 있다.

플라밍고 레인저

> 핑크색이 리더야?

극단적인 식생활이 겉모습에 드러나는 것은 어떤 생물이라도 마찬가지일 것이다.

나일악어
물속에 숨어 있는 어금니

거대하고 난폭한 식인 악어로 유명!

물고기나 물가로 다가온 임팔라, 새 등의 동물에게는 상어 같은 존재다.

으악!

사람에게도 마구 달려들어 잡아먹는다고 알려져 있다.

필살기 '데스 롤'

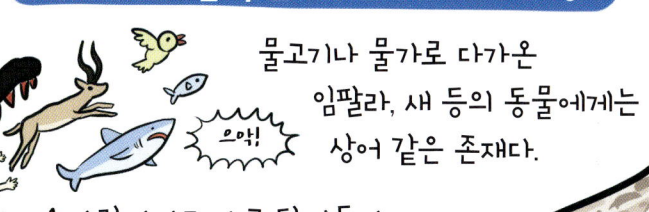

물고

으악! 임팔라의 다리

돌려서

으악!

비틀어 끊는다.

드득

무는 힘은 지상 최강 레벨! 호랑이나 사자의 몇 배나 된다.

유쾌한 생물 정보

아프리카악어로 불리는 경우도 있다. 땅에 구멍을 파서 50개 정도의 알을 낳고, 부화까지 어미 악어가 곁에서 지킨다. 태어난 새끼 악어는 입안에 넣어, 안전한 물속으로 나른다.

크기 : 4~5.5m

꼬끼오! 밥?

마당의 악어와 닭

▲ **분류** : 파충류·악어과　　● **먹이** : 물고기, 포유류 등　　▶ **서식지** : 아프리카 등

숨겨진 모습

깜짝이야!

물속의 나일악어는…
서 있는 모습이 귀엽다!?

수면 위로 무섭게 얼굴을 내미는 나일악어…
그렇지만 그 모습을 물속에서 보면?

크르릉

심지어 뒷발로 우뚝 서 있다.

샤-악

앞 다리와 가까이 있는 배가 튜브 역할을 한다.

어느 정도 편안한 상태의 악어는 이런 자세를 하고 있을 때가 많다.

심지어 꼬리를 다리처럼 이용해 몸을 지탱하는 경우도 있다고…

먹이

으랏차!

강에서 꼬리로만 서 있는 악어도 목격된다.

귀엽게 서 있는 이 모습은 악어의 파워풀한 근육을 증명한다.

계속 서 있는 것은 아니고 수 초간이다!

장수거북
엄청 무거운 고대 거북

지구상에서 가장 큰 거북! 1억 년 전부터 거의 모습이 변하지 않은 채 지구의 바다에 살고 있다.

몸길이 4미터

퐁퐁

공룡이 멸종할 때도 살아남았다! 거북이지만 갑각은 없고 등이 고무 같은 감촉이다.

좋다~.

멸종된 고대 거북 아케론

거북 중에서도 단연 헤엄이 특기로 알려져 있다. 시속 20킬로미터 이상으로 헤엄칠 수 있다.

아장 아장

어른이 되는 것은 1000마리 중 1마리라고….

거북으로서는 드물게 추운 바다에서도 살 수 있다.

150m 붉은바다거북

아무것도 안 보여.

1200m 장수거북

거북 중에서 가장 깊이, 수심 1200미터까지 잠수할 수 있다.

유쾌한 생물 정보

보통 열대나 아열대의 바다를 헤엄쳐 다니지만, 수온이 15℃ 이하인 차가운 바다를 헤엄치는 것도 있다. 커다란 몸을 계속 움직이며 수온보다 몸을 따뜻하게 유지하는 것이 가능하다.

크기 : 120~190cm

장수거북

용궁까지 부탁해.

다른 거북한테 얘기해.

▲ 분류 : 파충류·장수거북과   먹이 : 해파리 등   ▶ 서식지 : 태평양, 대서양, 인도양

숨겨진 모습

차이가…

장수거북의 입안은…
괴물 같다!

까아아아아아

장수거북의 입안은 '유두성 돌기'라 부르는 가시가 빽빽이 나 있다.
미끌미끌하고 부드러운 해파리를 확실히 잡아먹기 위해서다.

으악!

가시는 목 안까지 이어져 있어 벨트 컨베이어처럼 해파리를 위까지 운반한다.

녹여녹여 컨베이어   으악!   위 앙

장수거북은 하루에 체중의 73퍼센트의 해파리를 먹는다! 해파리는 칼로리가 낮기 때문에 영양분을 충분히 얻기 위해서 일단 대량으로 먹지 않으면 안 되기 때문이다.

게, 오징어, 물고기 등도 먹지만 주된 먹이는 해파리다.
장수거북의 몸 안에는 해파리의 독이 들어 있기 때문에 먹으면 중독될 수 있다!
예쁜 장미에는 가시가 있는 것처럼 거대한 거북에게는 독이 있었던 것이다.

해파리 주스

마실래?

해파리

하루치 해 파 리

천연 해파리 100kg 사용

그걸 왜?

쭈욱~
야채 주스

장미

겉모습

붉은바다거북
가장 유명한 거북

바다거북 중에서 개체 수가 가장 많은 거북!

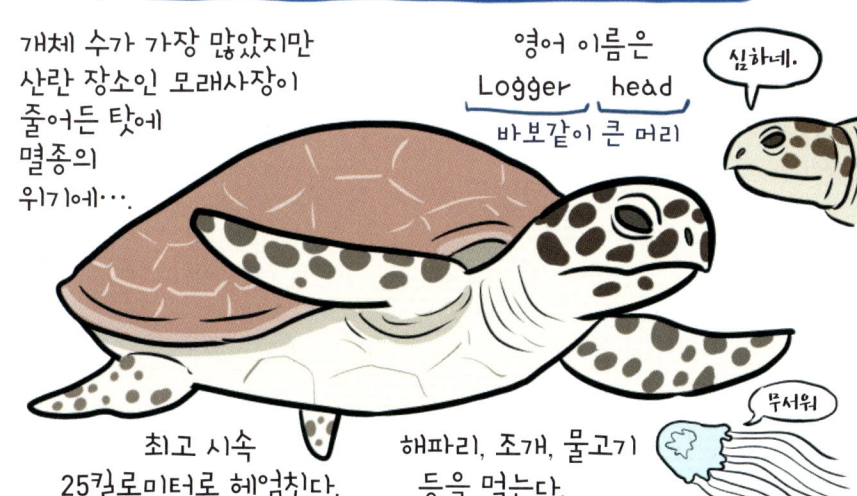

개체 수가 가장 많았지만 산란 장소인 모래사장이 줄어든 탓에 멸종의 위기에…

영어 이름은 Logger head
바보같이 큰 머리

심하네.

최고 시속 25킬로미터로 헤엄친다.

해파리, 조개, 물고기 등을 먹는다.
(독에 내성을 가지고 있어 맹독 해파리도 먹을 수 있다.)

무서워

(수영 선수는 시속 7킬로미터.)

어른 암컷은 수천 킬로미터나 헤엄쳐서 자기가 태어난 모래사장으로 돌아간다.

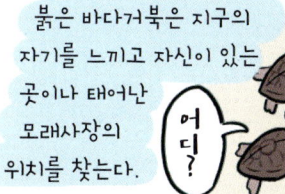

붉은 바다거북은 지구의 자기를 느끼고 자신이 있는 곳이나 태어난 모래사장의 위치를 찾는다.

어디?
기억 안 나

일본 신화 속에서 '우라시마 타로'를 태운 전설로 유명하지만…?

유쾌한 생물 정보

붉은바다거북은 산란할 때 이외에는 계속 바다에서 생활한다. 앞다리는 보트의 노처럼 평평해 물을 갈라서 헤엄치기에 적당한 모양새다. 거북이지만 머리나 다리를 등딱지 안에 넣을 수 없다.

크기 1m

맛있어요.

바다거북 멜론

▲ **분류** : 파충류·바다거북과　　🍴 **먹이** : 해파리, 물고기, 조개　　▶ **서식지** : 세계의 따뜻한 바다

숨겨진 모습

깜짝이야!

붉은바다거북은 등에…
갑각류를 태우고 있다!?

바다거북의 등껍질 위에 사는 새로운 갑각류가 발견되었다!

새우에 가까운 '타나이스'라는 동물의 한 종류.

목 길 이 2~3 밀 리 미 터

커다란 집게를 가지고 있다.

암컷의 집게는 작다.

준비 출발!

그럴 기분이 아니야.

거북의 등껍질을 타고 용궁에 간 '우라시마타로'의 전설에서 따와 '우라시마타나이스'라는 이름을 붙였다.

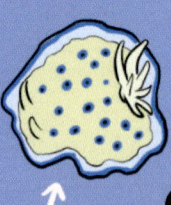

어머~

갯민숭달팽이의 한 종류인 '오토히메*우미우시'라는 동물도 있다.

(*히메=공주)

요각류   따개비

바다거북의 등껍질에는 여러 가지 미소부유생물이 있다고 하지만 그 생체에는 아직 수수께끼가 많다.

거북의 등껍질은 미지의 보물상자라고 말할 수 있을 것이다.

드드드

열면 안 돼!

장수말벌
무적의 살육기계

일본에서 가장 큰 말벌

시속 40킬로미터의 스피드로 난다! 장수말벌이 쫓아오면 달려서 도망치는 것은 어려울 것이다.

강한 독, 난폭한 성격 때문에 일본에서는 가장 위험한 동물 중 하나다. 매년 20명 정도가 말벌의 독에 의해 사망한다.

(곰에 의한 피해보다 더 많다.)

강력한 턱으로 먹이를 자른다.

사라져!

딱딱

턱을 울려서 '위협'한다.

무섭네.

엉덩이의 침으로 독을 주입한다.

으악

쿵

한판 할까?

윙윙 윙윙 윙윙

꾹!

전투력은 곤충계에서 최강 수준에 가깝다. 약 30마리의 장수말벌이 3만 마리의 꿀벌을 몇 시간 만에 전멸시키기도 한다고….

유쾌한 생물정보

둥지가 땅 밑에 있어 알아차리지 못하고 다가갔다가 사람이 습격당하는 사고가 자주 있다. 독침은 산란관이 변형된 것이기 때문에, 쏘는 것은 암컷뿐이다. 수컷은 번식기에만 일하기 때문에 개체 수가 적다.

크기 : 27~37mm(일벌), 50mm(여왕벌)

참새: ……
뭘 봐?
덤벼

▲ **분류** : 곤충·말벌과　　● **먹이** : 꽃의 꿀, 수액, 곤충　　▶ **서식지** : 홋카이도~규슈, 대마도

겉모습

숨겨진 모습

깜짝이야!

최강의 장수말벌도… 꿀벌에게 역습당하는 경우가 있다!

레벨1
VS
레벨99

최강의 곤충으로 유명한 장수말벌과 한 마리 한 마리의 약한 꿀벌… 정말이지 승부가 나지 않을 것 같았으나?

뭐야 이거?

수많은 꿀벌이 무리지어 장수말벌을 공처럼 둘러싼다.

으악!
윙 윙 윙 윙 윙 윙 윙

꿀벌은 몸을 진동시켜 체온을 높여 장수말벌을 쪄 죽이는 것이다.
(온도는 46도까지 오른다.)
일본꿀벌 등 아시아에 있는 꿀벌만 쓰는 말벌 소탕 작전이다!

이것이 바로 말벌 소탕 작전!

압도적으로 강한 힘을 자랑하는 장수말벌…
그렇지만 개체의 강력함으로 반드시 승패를 가르는 것은 아니다.
이것이 오묘한 곤충의 세계다.

가끔은 이겨.

클리오네
얼음 바다의 천사

겉모습

북극해 등 추운 바다에 서식하는 플랑크톤의 일종!

몸이 투명하여 내부 소화 기관이 다 보인다.

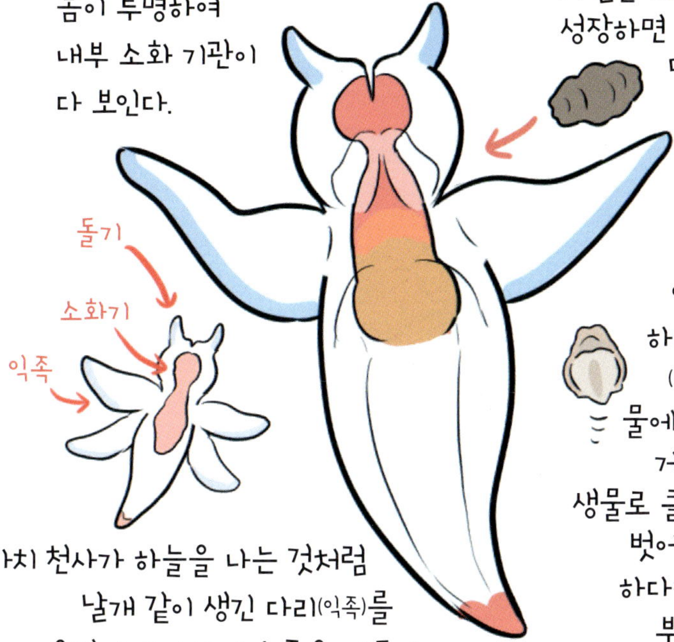

사실은 고둥의 한 종류! 성장하면 패각을 잃는다. 달팽이도 고둥의 한 종류.

응?

- 돌기
- 소화기
- 익족

일본 이름은 하다카카메가이 (벌거벗은 거북). 물에 떠서 생활하는 거북에 가까운 생물로 클리오네는 껍데기를 벗어던졌기 때문에 하다카카메가이라고 부르는 것이다.

마치 천사가 하늘을 나는 것처럼 날개 같이 생긴 다리(익족)를 움직여 우아하게 수중을 떠돈다.

품위가 없네.

그 아름다움으로  얼음 바다의 천사라고 불리는 클리오네지만…

유쾌한 생물 정보

클리오네라고 불리는 생물은 사실 다섯 종류가 있다. 일본에서는 겨울에 홋카이도에 나타나는 하다카카메가이를 클리오네라고 부른다. 2017년에는 도야마현에서 새로운 종류의 클리오네가 발견되었다.

크기 : 4.5~4.7cm

밤을 왜?

클리오네!

▲ **분류** : 연체동물·클리오네과 　 ◀ **먹이** : 해저달팽이 　 ▶ **서식지** : 북극해 등

숨겨진 모습

차이가…

얼음 바다의 천사 클리오네는…
더듬이로 먹이를 사냥한다!

우아하게 떠도는 클리오네지만… 포식 장면은 엄청 무섭다!

머리를 확 벌려서… 버칼 콘이라는 여섯 개의 더듬이를 늘어뜨려 먹이를 잡는다.

확

콘

쩌어어어억

으악!

맛있어. 맛있어.

먹이는 클리오네와 같이 바다를 그냥 떠다니는 해저달팽이.

으악!

잡은 해저달팽이의 껍데기에서 알맹이를 꺼내 먹는다.

참고로 반년에서 1년에 한 번만 먹으면 살 수 있다.
바다의 천사는 불필요한 살생을 좋아하지 않는 모양이다.

우걱 우걱

봐 버렸네요.

모기

성가신 이웃

거슬리는 소리와 물리면 가려워지는 귀찮은 흡혈 곤충!

피를 빠는 것은 산란기의 암컷이다.

1초 동안 800회나 날갯짓을 하기 때문에 독특한 날갯소리가 난다.
(다른 곤충의 2배 이상.)

보통은 꽃의 꿀이나 과즙을 마신다.

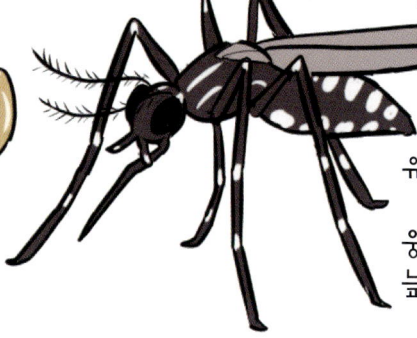

유충은 장구벌레라고 불린다. 웅덩이나 연못, 늪에서 태어난다.

여섯 개의 침을 이용한다.

쏘이면 알레르기를 일으키는 타액이 주입되기 때문에 가려워진다.

가장 오래된 화석은 1억 7천만 년 전…

모기는 쥐라기, 즉 공룡 시대부터 살았던 것이다.

유쾌한 생물 정보

세계에 약 2500종, 일본에는 약 100종의 모기가 있다. 곤충의 날개는 보통 4개지만 모기 종류는 뒷날개가 없고 2개뿐인 것이 특징이다. 빨아들인 피는 알을 키우는 영양분이 된다.

크기 : 1~15mm

 분류 : 곤충·모기과   **먹이** : 꽃의 꿀, 과일즙   **서식지** : 세계 곳곳

숨겨진 모습 — 무서워!

모기는…
인류 최강의 적 !?

세상에서 가장 많은 사람을 죽음에 이르게 하는 동물…
그것이 바로 '모기'이다!

상어 — 연간 사망자 10명
사자 — 연간 250명
그리고 모기 — 연간 사망자 무려 100만 명!

상어나 사자처럼 사람에게 큰 상처를 입히는 일은 없지만 1년에 무려 100만 명이 모기에게 물려 병원균에 감염돼 생명을 잃는다고 한다.
이 숫자를 보면 틀림없이 모기는 인류에게 최악의 해충이며 '최강의 적'이라고 할 수 있다.

고 고 고 고 고
어리석은 인간들, 나한테 이기려고 하는 것인가?
숙명의 적

시끄럽네~
불쌍한 인간~

오죽하면 사람의 귀가 모기의 '윙'하는 소리를 위험하고 불쾌한 소리로 구별할 수 있게 진화했다는 설까지 있을 정도다.

그렇다고 해도 모기는 자연의 일부.
그 생태를 제대로 알아내는 것이 가장 좋은 대책이 될 것이다.

뭘 봐?
인간 녀석

겉모습

르브론 타란툴라
두려워해야 할 맹독 거미?

타란툴라라고 불리는 털복숭이 커다란 거미!

몸에도 다리에도 털이 빽빽이 나 있다.

'타란툴라'는 원래 유럽의 늑대거미를 가리키는 말이었지만, 지금은 넓게 독거미를 가리키고 있다.

극도로 가는 털을 날려 공격한다.

로즈헤어

코발트블루

형형색색의 아름다운 종류도 많다.

날카로운 어금니로 플라스틱 정도는 물어서 찢을 수 있다.

새를 먹는 일도 있기 때문에 '하드 이터'라고도 불린다.
(새끼 강아지 정도의 크기를 먹을 때도…)

으악!

거미줄 같은 함정을 만들지 않고 직접 달려든다.

무서운 겉모습에 맹독 거미의 이미지가 강하지만…?

유쾌한 생물정보

남아메리카 일부에서는 르브론 타란툴라를 먹는 사람도 있다. 몸을 덮고 있는 털을 태우고 바나나잎에 싼 뒤 찐다. 새우와 비슷한 맛이 난다고 한다.

크기 : 10cm

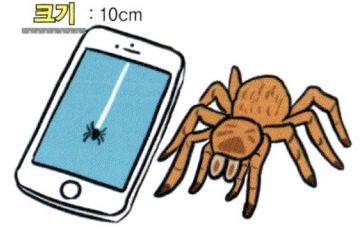

애완용으로 인기가 높다.

▲ **분류** : 거미과 · 타란툴라과　　● **먹이** : 곤충, 작은 새　　▶ **서식지** : 남아메리카 묵무

숨겨진 모습

타란툴라는 사실…
억울한 누명을 쓰고 있다!

깜짝이야!

맹독 거미다!

뭐어?

타란툴라가 무서운 독을 가지고 있다는 것은 사실 오해다.

현재 타란툴라라고 불리는 거미의 독은
우리가 생각하는 것만큼 결코 강하지 않다(벌의 독보다 약하다).
처음 '타란툴라'라고 불리던 유럽 늑대거미는
가까이에 전갈이나 지중해과부거미가 서식하고 있었다.
이들에게 사람이 물려 죽는 경우가 있었는데,
이것이 타란툴라 탓이 된 것으로 보인다.

우리가 죽였습니다.

그러니까 난 죽이지 않았다고.

잘못된 체포

도대체 내가 뭘 잘못했냐고?

겉모습이 무섭다고 무조건
위험한 것은 아니다.
그러나 타란툴라의 어금니나
털 공격은 위험하기 때문에
주의해야 한다.

큰가리비

홋카이도의 미식가

북방 바다 밑에 서식하는 커다란 쌍각류!

일본에서는 홋카이도에서 가장 많이 잡힌다. 맛있는 식자재로 널리 알려져 있다.

- 빈 구멍
- 조개 기둥
- 아가미
- 끈
- 생식 둥지

나이테를 보면 나무의 나이를 알 수 있는 것처럼 천연 가리비는 껍질을 보면 나이를 알 수 있다. 수명은 10~12년 정도이다.

외투막(끈) 주변에는 약 80개의 작은 눈(안점)이 있어 밝기를 감지한다.

천적(불가사리 등)이 다가왔을 때 탐지할 수 있다.

바다 밑에 가만히 있는 듯한 이미지의 조개지만…?

유쾌한 생물 정보

수심 20~30m의 차가운 바닷속 모래에 숨어 있다. 태어나서 1년간은 전부 암컷이지만, 2년째에는 절반이 수컷이 된다. 껍질을 열었을 때 생식 둥지가 빨간 것은 암컷, 흰 것은 수컷으로 구분된다.

크기 : 20cm

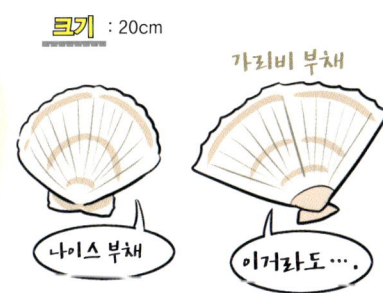

가리비 부채

나이스 부채

이거라도….

▲ **분류** : 조개류·국자가리비과   ● **먹이** : 플랑크톤 등   ▶ **서식지** : 태평양, 동해 등

숨겨진 모습

깜짝이야!

큰가리비는…
제트 분사 방식으로 헤엄친다!

보통은 가만히 있는 큰가리비지만…
적(문어나 불가사리)이 가까이 오면
해수를 힘차게 분사해서 도망간다.

그 스피드는 초속 60센티미터.

쥬르르

슈우우웅

!!

!?

큰가리비는 일본에서
'돛을 세운 조개'라고 부르는데,
이 이름은 옛날 사람들이 가리비가
돛을 세운 듯한 모습으로
이동한다고 오해했던 것에서
유래되었다!

파이럿 오브
큰가리비

키를 잡아라!

모두가 좋아하는 맛있는 큰가리비.
그렇기 때문에 더 다이내믹한
도주 방법이 필요했을 것이다.

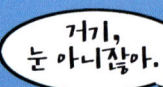

거기,
눈 아니잖아.

키로넥스

오스트레일리아의 살인 해파리

120년간 수천 명을 죽음에 이르게 한 지구 최강 레벨의 독을 가지고 있는 해파리!

보통의 해파리는 눈이 없어 바다를 그냥 떠돌기만 할 뿐이다.
"그거면 충분해."

"으악!"
오스트레일리아에는 경고 표지판도 있다.

키로넥스는 24개의 눈이 있어 적극적으로 사냥을 한다. 우산 부분을 이용해 헤엄치는 방향과 스피드를 조절할 수 있다. 시속 5~7킬로미터로 헤엄칠 수 있다.

촉수에 있는 눈에 보이지 않을 정도로 작은 자포에서 독이 나온다.

"기다려, 기다려."
"싫어!"

찔리면 심한 통증으로 쇼크 상태가 되어 물에 빠져 죽을 가능성이 높다.

살아남아도 찔린 상처는 크게 남는다.

사람의 헤엄치는 속도는 약 4.8킬로미터.

"바다는 넓네~."

'오스트레일리아 바다벌'이라고도 불린다.

유쾌한 생물 정보

키로넥스는 세계에 2개의 종류가 있다. 그중 '오스트레일리아 바다벌'이라고 불리는 종이 최강의 맹독을 가지고 있다. 촉수의 자포에서 나오는 독은 해파리의 의지와는 상관없이 만지기만 하면 나온다.

크기 : 30cm(우산의 둘레와 비슷)

"이제 안심이다."
"바다에서 웬 오리배야."

▲ **분류** : 자포동물·열대사방해파리과 ● **먹이** : 물고기, 갑각류 ▶ **서식지** : 오스트레일리아 등

숨겨진 모습

깜짝이야!

키로넥스는 최강의 독을 가지고 있지만…
바다거북에게 잡아먹힌다…!

세계 최강인 키로넥스의 독도 바다거북에게는 통하지 않는다. 그래서 잡아먹혀 버린다.

목 넘김이 부드럽네.

츄릅~

으악!

최근에는 해파리 독에 처방하는 약도 개발되었고, 해파리가 해수욕장에 가까이 오지 못하도록 스팅거 네트라는 그물을 치는 등 여러 대책을 마련해 사망 사고가 줄어들고 있다.
즉 키로넥스의 위협은 조금씩 감소하고 있다고 말할 수 있다.

으악!

둥

둥

날름

그러나 키로넥스를 먹는 바다거북은 비닐봉지를 해파리로 착각해 삼키다가 질식사하는 경우가 있다.

아무렇지 않게 바다에 쓰레기를 버리는 인간의 무심함이 지구 최강의 적일지도 모른다.

아이고 아이고

내 적수가 안 되지.

알려지지 않은
특기와 특징

제 2 장

굉장한!
생물의 겉모습과 숨겨진 모습

대단한 기술이나 특징을 가지고 있는 씩씩한 생물들

잘 알고 있다고 생각한 생물이 알려지지 않은 대단한 특징을 갖고 있거나, 딱 봤을 때 아무것도 없는 평범한 생물이 알고 보면 놀라운 기술을 가지고 있기도 한다. 생물은 모두 다양한 진화를 거듭하며 씩씩하게 살아가고 있다.

귀여운 고양이가
사실은…

'조금 큰 고양잇과인가?'라고 생각했는데 수많은 기술을 가진 대단한 친구들이 있다고 한다.

자세한 내용은 P101 에

사냥의 성공률을 높이는
비밀은…

사마귀 종류 중에는 꽃의 모습을 흉내 내어 먹이를 사냥하는 생물이 있다. 그러나 놀랄 만한 비밀은 그것만이 아니다.

자세한 내용은 P135 에

평범한 그 녀석이
실제로는…

작고 조용하고 평범해 보이는 복어가 실제로는 해저에 엄청난 것을 만드는 새로운 복어였다.

자세한 내용은 P111 에

시바견
갈색의 베스트 프렌드

특히 일본에서 폭넓게 사랑받고 있는 개의 종류

차분한 성격으로 주인에게 충실하다!

마른 섶나무를 닮은 몸 색깔이 이름의 유래?
시바(しば: 일본어) : 섶나무

일본에서는 옛날부터 사냥개로 사랑받고 있다.

Shibainu(시바이누)라고 불리며 해외에서도 인기도 높다.

파리

일본의 조몬 시대 유적에서 시바견의 선조 화석이 발견되고 있다.

으악!

유쾌한 생물 정보

운동을 잘하고 일본에서 가장 많이 사육되는 개의 종류이다. 털 색깔이 하얀 시바견도 있다. 시부야 역에 있는 하치쿠 동상은 시바견과 닮았지만 시바견보다 큰 아키타견이다.

크기 : 40~45cm

싫어~ 가기 싫~~어~
산책 산책~

▲ 분류 : 포유류・갯과   ● 먹이 : 고기, 사료 등   ▶ 서식지 : 일본

숨겨진 모습

사실 굉장해!

시바견은 사실…
가장 늑대에 가까운 DNA를 가진 개!

여러 종의 개의 DNA를 조사한 결과 몇몇 종이 늑대에 가까운 DNA를 가지고 있다는 사실을 알게 되었다.

예~~!

쭉~ 친구

시베리안허스키

그리고 시바견은 모든 종류 중에서 가장 늑대에 가까운 DNA를 가지고 있는 것으로 밝혀졌다.

엄마~!

새끼 늑대

멋?

응?

참고로 두 번째로 늑대에 가까운 것은 '챠우챠우'라고 한다. DNA라는 것은 겉모습만으로는 알 수 없는 것이다.

챠우챠우

결국…

보기랑은 달라.

리카온
사바나의 마라톤 선수
아프리카 사바나에 사는 갯과의 동물!

분수도 모르는 녀석. 흥!

힘으로는 사자에게 이길 수 없지만 체력이 엄청나다!

커다랗고 동그란 귀

으악!

헛헛

그 튼튼함은 마치 마라톤 선수 같다.

무리 지어 오랜 시간 먹이를 쫓아다니면서 사냥감이 지쳤을 때 습격해 잡아먹는다. 사냥 성공률은 대단히 높아서, 80퍼센트나 된다고 한다 (사자는 20~30퍼센트 정도).

……

뭘 봐?

유쾌한 생물 정보

리카온은 먹이를 사자에게 빼앗기지 않기 위해 엄청난 속도로 먹는 특기가 있다. 배불리 먹고 나면 새끼가 있는 곳으로 돌아가 토해 내 준다.

크기 : 75~110cm

하이에나야 개야?

리카온이라니까.

나는 시바견.

하이에나 / 리카온

겉모습이 닮아서 별명이 '하이에나 개'이다.

▲ **분류** : 포유류·갯과　　● **먹이** : 대형 포유류, 소형동물　　▶ **서식지** : 아프리카 남부

숨겨진 모습

대단해!

리카온은 무려…
재채기로 투표를 할 정도로 사회성이 높다!

리카온의 대단한 점은 체력뿐 아니다. 리카온은 '사회성'이 대단히 높다! 아프리카의 보츠와나에 사는 리카온은 재채기를 해서 마치 '투표'를 하는 듯한 행동을 하는 것으로 밝혀졌다.

사냥 갈까?
음.

귀찮아

리카온은 사냥 전에 '랠리'라고 부르는 집회를 연다.

모여 있는 리카온의 '재채기' 횟수로 사냥에 나갈지 어떨지를 정하는 것 같다.
(단순한 다수결이 아닌 룰이 있는 것 같지만 자세히는 알 수 없다.)

이런 고도의 의사소통 능력이 리카온 최대 병기! 강적이 북적거리는 사바나에서 살아 남는 방법은 여러 가지이다.

① 다리를 노려서 동작을 멈추게 한다.

② 주변을 둘러싸는 형태로 전 방향에서 습격한다.

③ 다 같이 잡아당겨서 고기를 물어뜯는다.

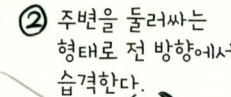

겉모습

고양이
우주에서 가장 사랑받는 동물

사람에게 가장 사랑받는 동물이라고 해도 과언이 아닌 동물, 고양이!

반려동물인 고양이는 '집고양이'로 불이는 '리비아 고양이'가 직접적인 선조라고 한다.

손톱은 자유자재로 넣고 빼는 게 가능하다. 몸 전체의 근육이 부드러워 높은 곳에서 떨어져도 착 하고 부드럽게 다리부터 착지할 수 있다.

9500년 전에 서아시아 사람들이 키우기 시작해 지금은 여러 종류가 태어나고 있다.

세 가지 색 털을 가진 삼색털 고양이에게는 의외의 비밀이…?

유쾌한 생물 정보

집고양이의 품종은 50종류가 넘는다. 고양이의 혀는 표면이 거칠기 때문에 혀로 털을 손질하는 것이 가능하다. 야생의 고양이 무리도 거의 모두 가지고 있는 특징이다.

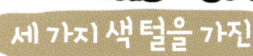

크기 : 40~50cm

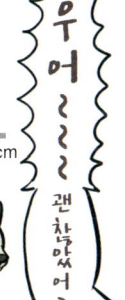

분류 : 포유류・고양잇과　　**먹이** : 인공사료 등　　**서식지** : 세계 곳곳

숨겨진 모습

사실 굉장해!

삼색털 고양이 수컷은…
가격이 엄청 비싸다!?

일본 사람에게는 잘 알려져 있는 삼색털 고양이. 하지만 삼색털 고양이의 수컷은 엄청 드물다. 수컷이 태어날 확률은 3만 마리 중 1마리(0.003퍼센트) 정도다.

털 색깔이 세 가지 형태인 유전자 조합에서는 보통 암컷이 태어나기 때문에 갑자기 돌연변이 등이 생기지 않으면 삼색털 고양이는 기본적으로 암컷이다.

미국 옥션에서 삼색털 고양이 수컷이 2억 원에 거래된 적도 있다.

참고로 가장 비싼 고양이는 '아세라'라고 불리는 고양이. 가격이 보통 8000만 원에서 1억 3800만 원 정도다. 그렇지만 야생의 피가 강하기 때문에 사육이 잘 안 되고 포악해지는 경우도 있어 키우기에는 적합하지 않다.

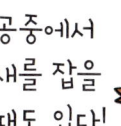

서발
엄청난 점프 실력의 야생 고양이

호리호리하고 우아한 모습의 야생 고양이!

으악!

공중에서 새를 잡을 때도 있다!

삑?

커다란 귀로 먹이가 내는 작은 소리도 놓치지 않는다!

크게 점프해서 먹이를 잡는다! 높이 2미터, 거리 4미터나 뛸 수 있다.

가끔은 눈을 감고 귀를 기울이고 있다.

블랙 서발

추운 곳에서 발견될 때가 있다.

바람이 센 날에는 (소리가 방해가 되기 때문에) 사냥을 하지 않는다고 한다.

냐옹~

고양이 부엉이

거기가 귀 아니잖아!

야행성이기 때문에 '고양잇과의 올빼미'라고 불리기도 한다.

까맣기 때문에 열을 효율적으로 흡수할 수 있다.

유쾌한 생물 정보

다리가 길기 때문에 키가 큰 풀숲에서도 자유자재로 움직일 수 있다. 크게 점프하는 것은 쥐에게 들키지 않을 거리에서 달려들기 위해서다. 올빼미보다는 여우 같은 특징이 많은 고양이다.

크기: 67~100cm

반려동물로 기르기도 하는 아름다운 서발이지만…?

▲ **분류**: 포유류·고양잇과　　● **먹이**: 소형포유류, 새　　▶ **서식지**: 사하라 사막 남쪽의 아프리카

숨겨진 모습

대단해!

서발은 사실…
주먹의 힘이 엄청나다!

서발의 펀치는 엄청나게 강력하다!

뱀 정도는 펀치 몇 방으로 쉽게 때려 죽인다!

점프해서 독이 있는 뱀의 공격을 피하거나…

독이 있는 전갈과 싸우거나…

가끔은 사람을 때릴 때도 있다고 한다. 의외로 공격적인 성향이다.

겉모습

카피바라
세계에서 가장 큰, 편안함을 주는 쥐

설치류는 쥐, 리스 등…. 물건을 갉아먹는 것이 특기다.

> 세계에서 가장 큰 설치류(쥐과의 한 종류)! 한가로운 분위기가 인기인 동물이다

주로 물가에서 산다.

좋군~

밀어 줄까?

몸은 수세미처럼 딱딱한 털로 덮여 있어 젖어도 금방 마른다.

수컷 / 암컷

코 위의 혹으로 수컷과 암컷을 구분할 수 있다.

굵고 짧은 다리

엉덩이 가까이에 느낌이 좋은 부분이 있다.

아흥~ *데굴~*

쓰다듬어 주면 뒤집혀 버릴 때도 있다.

유쾌한 생물 정보

야생의 카피바라는 20마리 정도가 무리를 지어 생활하지만, 비가 적게 내리는 시기(건기)가 되면, 물이 남아 있는 호수 근처로 모여든다. 100마리가 넘는 집단이 될 때도 있다.

크기 : 106~134cm

안 먹어? *먹을 거야.*

▲ **분류** : 포유류・카피바라과   ● **먹이** : 풀, 잎, 수피, 과일   ▶ **서식지** : 남아메리카

> 숨겨진 모습
> 사실 굉장해!

카피바라의 생활은…
편안함과 거리가 멀다!

한가롭고 편안함의 마스코트 같은 분위기와는 달리
야생 카피바라의 생활에는 위험한 일이 많다!

무서워.

서식지와 가까운 곳에
땅에는 재규어, 아나콘다,
하늘에는 독수리, 물속에는 악어….
맹수들에게 습격당할 위험이 항상 따라다닌다.
한가롭고 편안한 생활이라고
하기는 어려운 모습이다.

반면에
카피바라는
의외로
대단한 운동
능력을
가지고 있다!
필요할 때는
시속 50킬로미터
(달리는 자동차 정도코 속도)로
달린다. 헤엄도 아주 잘 친다.

타다닷-

5분이나
잠수할 수 있다.

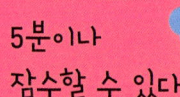

슝~

카피바라는 느긋한 것뿐 아니라
엄격한 자연계에 적응한 지구 최강의 서바이벌 주이다.

낙타

뜨거운 사막을 걷는 동물

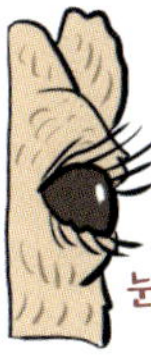

겉모습

6000년 전부터 사막에서 사람의 이동 수단이 된 동물!

눈썹이 많아~

물을 마시지 않고도 160킬로미터까지 걸을 수 있다.

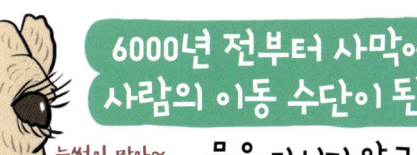

모래로부터 눈을 보호하는 긴 속눈썹. 작열하는 사막에서도 땀을 흘리지 않는다! 오랜 시간 동안 몸속에 물을 저장할 수 있다.

혹 안에 35킬로그램의 지방을 모아 둘 수 있다!

직사광선을 피하기에도 좋다. 햇볕이 혹에 집중되어 몸 아래쪽이 뜨거워지는 것을 방지한다.

단봉낙타

쭈욱~~ 꿀꺽꿀꺽

적당히 해.

시끄러워~

물을 마실 때는 한 번에 많은 양을 마신다. 135리터를 마셔 버릴 때도 있다.

쌍봉낙타

2배야 2배.

쌍봉낙타는 중앙아시아 등에서 서식한다.

크기: 3m

유쾌한 생물 정보

야생의 단봉낙타는 전멸되어 지금 살아 있는 것은 모두 가축이다. 모래가 들어가지 않게, 콧구멍을 닫을 수 있는 특기도 있다. 모래에 파묻히지 않기 위해 발끝 폭이 넓다.

회전 낙타

타기 힘들어

▲ **분류**: 포유류·낙타과   ● **먹이**: 풀, 나뭇가지 등   ▶ **서식지**: 인도 북부, 아프리카

숨겨진 모습

사실 굉장해!

낙타를 타고 질주하는…
대규모 경주가 있다!

중동 여러 나라에서는 낙타 경주가 열린다!
(경마가 아니고 경낙)

낙타의 주행 속도는 시속 65킬로미터! 달리는 모습이 무척 박력적이다.

경주에서 이긴 낙타와 기수에게는 명예가 주어지며, 1등 상금은 무려 수십 억이나 된다.

예~

우와아!!!

타지마.

낙타의 수컷은 발정기가 되면 공격적으로 변할 때도 있다. 그 시기에 낙타 등에 올라타서 경주를 하는 것은 불가능에 가깝다.
길들인 낙타라고 해도 위험한 경주이기 때문에 보수도 크다.

그러나 최근에는 안전을 위해 기수 대신 로봇을 태워 달린다고 한다.

이건 이것대로 열 받아.

착- 착-

달려!

빨판상어
딱 붙어 헤엄친다

대형 물고기나 수중 동물에 딱 붙어서 이동하는 말하자면 수중 히치하이커

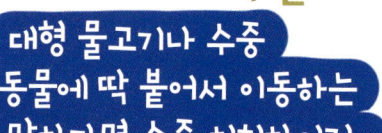

태워 줘!

딱 달라붙는 특징은 에너지를 절약하는 방법이 될 뿐 아니라 강한 상어에게 달라붙으면 적에게 습격당하지 않을 수 있고 상어가 남긴 먹이를 얻어 먹을 수도 있다.

머리 모양이 커다란 빨판 형태로 이 빨판을 이용해 다른 물고기에게 달라붙는다.

이 빨판이 타원형의 옛날 금화와 비슷해서 일본에서는 '금화 상어'라고 부른다.

상어한테 금화가?

적당히 해라.

목작

여러 마리가 한꺼번에 붙어 있을 때도 있다.

언뜻 편안해 보이는 빨판상어지만…

유쾌한 생물 정보

생김새가 상어와 닮아서 빨판상어라는 이름이 붙었지만 상어와는 전혀 관계가 없다. 다른 물고기에 달라붙는 것은 새끼일 경우가 많고, 어른이 되면 자유롭게 헤엄치며 생활하기도 한다.

크기 : 100cm

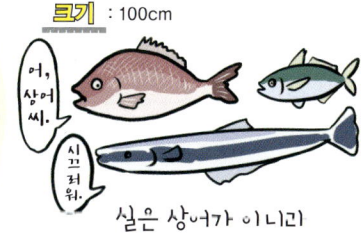

어, 상어 씨.

시끄러워.

실은 상어가 아니라 도미나 전갱이에 가까운 종류다.

▲ **분류** : 어류·빨판상어과　　● **먹이** : 갑각류　　▶ **서식지** : 동태평양을 제외한 세계의 따뜻한 바다

숨겨진 모습

"대단해!"

사실 빨판상어는…
모두에게 도움이 되고 있다!?

언뜻 보기에는 그냥 타고만 있는 것처럼 보이지만 타고 있는 생물의 몸에 붙은 기생충을 잡아먹기 때문에 서로에게 이익이다.

"진짜야?" "진짜야 진짜."

그뿐 아니라… 심지어 사람에게도 도움이 된다!

빨판상어의 빨판은 매우 강력하다.
붙어 있는 물고기가 수영을 하든 뛰어 오르든 작은 움직임으로는 꿈쩍도 하지 않는다!

강력한 빨판

빨판상어가 귀찮아 점프하는 돌고래.

"아 진짜~." "소용 없어."

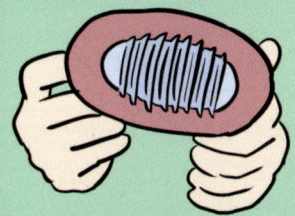

"이런 게 아니라고!"

그 '흡착력'을 재현한 '로봇'이 개발중이라고 한다!
자기 체중의 340배의 무게를 버틸 수 있다고 한다.

메가 빨판상어

예를 들어 이 조사 로봇을 상어나 돌고래에게 붙여 더 자세한 정보를 얻는 게 가능할 것이다.
조금 귀찮은 빨판상어지만 빨판상어의 능력은 가능성으로 가득 차 있다.

"데이터를 측정하고 있습니다." "삐~~"

"귀찮은 일이 더 늘었네."

물총고기
수면 밑의 총잡이

겉모습

입에서 물을 총처럼 힘차게 발사해 먹이를 떨어뜨리는 물고기!

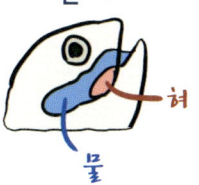
준비…
혀
물

발사!
물인데….

으악!
으악!

입안에 있는 홈에 혀를 밀어 넣어 아가미 덮개를 닫는다.

동남아시아 주변에 서식한다.

그러면 힘차게 물이 뿜어져 나가 먹이를 물속으로 떨어뜨린다.

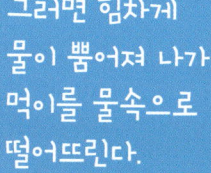
으악!

물속에서 빛의 굴절까지 계산해 2미터나 떨어져 있는 표적을 명중시킨다고 한다!

눈에 보이는 위치
실제 위치

유쾌한 생물 정보

해수와 담수가 뒤섞인 강의 하구인 맹그로브 숲에 살고 있지만, 일본의 이리오모테 섬에서도 발견된 적이 있다. 땅 위의 곤충뿐 아니라 작은 물고기나 새우도 먹는다.

크기 : 15~25cm

으악!
집중 공격

▲ **분류** : 어류·물총고기과　　◀ **먹이** : 곤충, 작은 물고기, 새우 등　　▶ **서식지** : 동남아시아

숨겨진 모습

대단해!

물총고기는…
사람의 얼굴을 구분할 수 있다!?

물총고기는 사람의 얼굴을 상당히 정확하게 인식할 수 있다고 한다!

흠~

여러 사람의 얼굴을 늘어놓고, 맞는 얼굴에 물을 분사하면 상을 주는 실험이다.

이 녀석이지?

슈우웃~

필살기! 얼굴 인식 성공!!

얼굴을 인식하는 능력은 원숭이 등의 영장류나 조류만의 능력이라고 알려져 있었다.
물고기 중에서는 물총고기가 처음이라고 한다.

정글 같은 복잡한 환경 속에서도 먹이를 정확하게 겨냥하는 것이 가능한 물총고기만의 능력일지도 모른다.

베짱이
저기다.
슛~
으악

킬러피시

아무쪼록 얼굴을 공략당하고 싶지 않으면 물총고기의 원한을 사지 않는 게 좋을 것이다.

흰점박이복어

미스터리한 복어

"아마미오 섬 (어서 와~.)"

아마미오 섬 가까이에 사는 작은 복어! 2012년에 처음으로 발견된 신종이다.

'칠보 복어'의 무리로 분류된다.

2015년에는 재미있는 신종으로 인정되어 세계 신종 탑 10에도 선정되었다.

수컷은 암컷의 볼을 깨물어서 산란을 촉구한다.

"예쁘지?" "허니~." "음음~." 쪽 쪽 "로맨틱하네."

흰색과 은색의 물방울무늬가 아마미오 섬의 별자리를 연상시키는 것에서 이름이 유래되었다.

언뜻 보기에는 별로 특별할 것 없는 복어지만 미스터리한 습성을 가지고 있다?

유쾌한 생물 정보

이 복어가 발견된 계기는 한 방송 프로그램. 방송 취재에서 복어가 무언가를 만들고 있는 것이 발견돼 연구원이 조사하던 중 이 복어가 신종임을 알게 되었다. 아직 수수께끼가 많은 물고기다.

크기 : 10cm

"처음 보는 얼굴인데." "신종이라서." 금붕어

▲ **분류** : 어류·칠보복어과   ● **먹이** : 갑각류 등   ▶ **서식지** : 아마미오섬

숨겨진 모습

사실 굉장해!

흰점박이복어는…
미스터리 서클을 만든다!

흰점박이복어는 바다 밑에 마치 '미스터리 서클'처럼 생긴 신기한 무늬를 그린다! 원 바깥쪽에 약 30개의 골이 있는 둥그런 무늬를 몸과 지느러미를 이용해 열심히 만든다.

직경은 약 2미터!

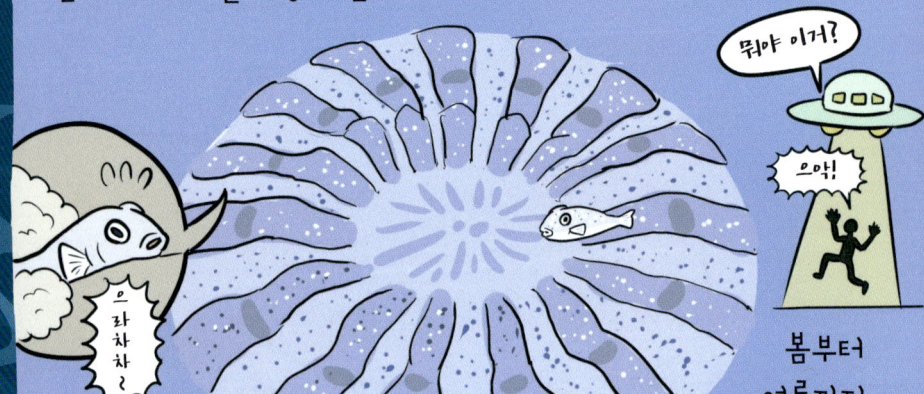

중심은 보슬보슬한 모래다. 작은 돌이나 조개껍데기를 입에 넣어 밖으로 운반하는 것을 반복한다.

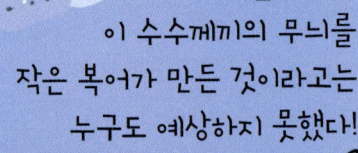

봄부터 여름까지 바다에 출현하는 이 수수께끼의 무늬를 작은 복어가 만든 것이라고는 누구도 예상하지 못했다!

이 서클의 정체는 바로 '복어의 산란 장소'였다! 수컷이 약 1주일에 걸쳐 서클을 만들면 암컷은 서클 주변에 산란을 한다.

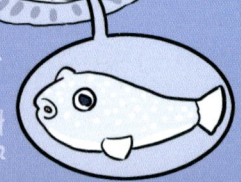

해저에 우주인의 사인 같은 형체를 남기는 복어. 별자리 같은 이름에 어울리는 미스터리한 물고기다.

신기하군.

먹장어
몸부림치는 화석

살아 있는 화석이라고도 불리는 길고 가느다란 바다 동물!

정면에서 봤을 때 입처럼 보이는 부분은 실제로 콧구멍이다.

아~ 해 봐.
안 돼. 턱이 없기 때문에

배쪽에 입이 있는데 턱이 없어서 '무악류'라고도 불린다.

눈은 퇴화되어 원래 눈이 있던 곳에 흔적만 남아 있다.
3개의 심장을 가지고 있다.

문어도 3개.

고래의 시체 같은 고기를 먹는다.

고래 식당
스으 스으

몸 옆쪽에는 한 줄로 구멍이 늘어서 있다. 도대체 무엇을 위한 것일까?

유쾌한 생물 정보

세계에 약 70종, 일본에 6종이 있다. 대부분의 종류가 심해에 있고, 고래나 물고기의 시체에 파고들어 고기를 먹는다. 무악류 중에는 칠성장어가 있는데 이것도 사실 상어는 아닙니다.

크기 : 60~80cm

'장어'에 가깝지만 장어와는 다른 종류의 생물이다.

▲ **분류** : 무악류・먹장어과   ● **먹이** : 고래의 시체 등   ▶ **서식지** : 남태평양 등

숨겨진 모습

먹장어는… 무시무시한 점액을 뿜어낸다!

먹장어의 최대 무기는 끈적끈적한 '점액'이다! 위험에 처하면 몸에서 1초에 1리터의 점액을 방출한다!

점액은 한 순간에 적의 아가미를 막히게 한다!

수백 마리의 먹장어를 실은 트럭이 전복되어 도로와 자동차를 점액투성이로 만든 적도 있다.

이 점액을 없애기 위해서 불도저까지 출동하는 등 큰 소동이 벌어졌다고 한다.

점액 상품

성가신 먹장어의 점액이지만, 그 안에 들어 있는 섬유는 튼튼하고 가볍다.

의류에도 이용이 가능하다고 한다! 미래에는 먹장어 점액으로 만든 속옷이나 스타킹을 입게 될지도?

거북복
딱딱하고 독이 있다

> 딱딱한 몸을 가진 작은 복어! 물론 독도 가지고 있다!

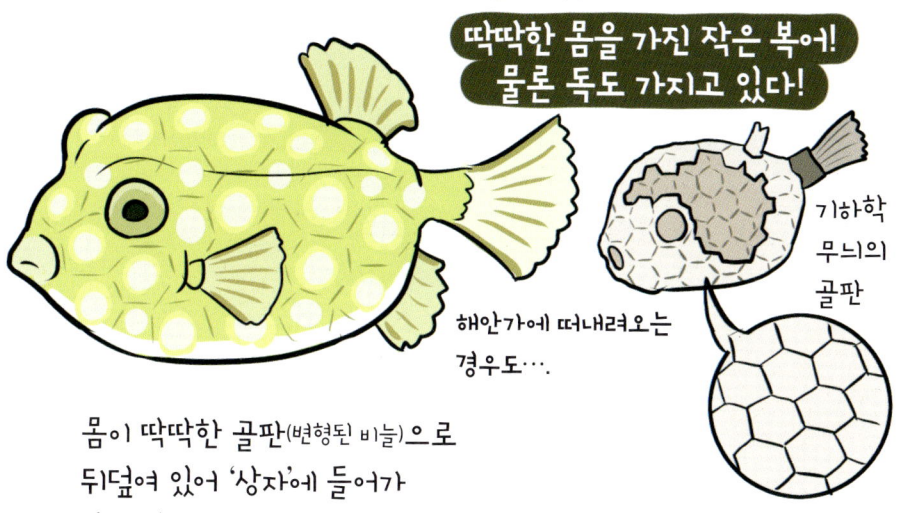

기하학 무늬의 골판

해안가에 떠내려오는 경우도….

몸이 딱딱한 골판(변형된 비늘)으로 뒤덮여 있어 '상자'에 들어가 있는 것처럼 보인다.
피부 점막에는 퍼프톡신이라는 강한 독이 있다!
스트레스를 받으면 독을 뿜어낸다.

전멸! 수족관

무심코 수조에 넣으면 거북복이 뿜어낸 독으로 다른 물고기가 전멸하는 경우도 있다.
(3천 리터의 큰 물통에서도 물고기가 전멸한다.)

자신이 뿜어낸 독에 죽을 때도 있다.

유쾌한 생물 정보

딱딱한 골판으로 둘러싸인 몸은 상당히 튼튼해서 자동차 차체 구조의 힌트가 된 적도 있다. 독이 있는 피부를 빼고 나면 먹을 수 있다고 하지만, 근육이나 내장에 독이 있는 경우도 있기 때문에 반드시 주의해야 한다.

크기 : 25cm

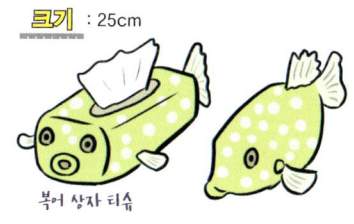

복어 상자 티슈

영어로는 Box-fish(상자 물고기)라고 한다.

분류 : 어류·거북복과   먹이 : 갯지렁이류, 조개, 갑각류 등   서식지 : 일본 근해 등

숨겨진 모습

대단해!

거북복은 사실…
헤엄치는 것이 서투르다!?

거북복은 몸이 딱딱한 골판으로 덮혀 있기 때문에 다른 물고기처럼 몸을 흔들며 수영할 수 없다.

슈웅~

삐끗~
슈~웅

헤엄쳐! 거북복~

이빨이 당치 않아…
수영을 못하는 게 정말 싫구나 ♪
독 무서워….
하아?

그리고 꼬리지느러미를 움직이기 위한 근육이 적어서 몸과 꼬리지느러미를 써도 앞으로 나아가는 힘은 크지 않다.
하지만 방어력이나 강한 독 덕분에 다른 물고기에게 습격당하는 일은 거의 없다.

수영
방어
맹독

다른 분야 점수는 엄청 높잖아.
붕어빵

하하핫!?

정말 부지런 하시네요.

미래의 사카나군(실화)

무엇보다 열심히 헤엄치는 거북복에게는 팬이 많다!

겉모습

전기뱀장어
미끈미끈 일렉트릭걸

남아메리카 강에 서식하는 육식 물고기!

600볼트나 되는 강력한 전기를 생산한다. 말 한 마리를 기절시킬 수 있을 정도.

우왝

'장어'라고는 하지만 실은 장어와는 전혀 다른 종류.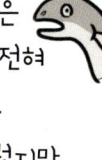

그렇지만 전기메기는 같은 종류. (말도 안 돼)

자신의 전기에는 감전되지 않는다.

'발전판'이라고 하는 세포가 수천 개나 있다. 몸의 80퍼센트를 이루고 있다.

전기는 공격이나 방어에도 쓰이지만 먹이의 위치를 파악하는 탐지기 역할도 한다!

탐색 중

물에 들어가지 않으면 아무 상관없네. (흥 / 글쎄.)

크기 : 2.5m

유쾌한 생물 정보

발전 기관이 이 정도까지 발전한 것은 전기뱀장어가 심하게 오염된 물에 살고 있기 때문이다. 아무것도 보이지 않아도 전기를 쓰면 먹이를 효과적으로 찾아 잡을 수 있다.

연장 코드

▲ **분류** : 어류・전기뱀장어과   ● **먹이** : 갑각류, 소형 포유류   ▶ **서식지** : 남아메리카

숨겨진 모습

대단해!

전기뱀장어에게는…
필살의 무기가 있다!

전기뱀장어에게는 숨겨진 필살기가 있다.

으악!

슈우우웅

이 녀석!

물에서 튀어나와 물 밖에 있는 상대의 몸에 직접 턱을 대고 고압 전기를 흘리는 것이다.

깩~...

지지직

지지직

이 행동은 연구실에서 관찰된 것이지만 이 같은 공격은 200년 이상 전부터 어부 사이에 알려져 있었다고 한다.

필살기 전기뱀장어 타기

난 모르는 일이야~.

사람이 전기뱀장어의 전기 공격으로 죽는 일은 거의 없지만 충격을 받아 물에 빠지는 사고는 있었다!

대단한 전기뱀장어의 필살기. 생물의 무한한 가능성을 느끼게 하는 능력이다.

괭이갈매기

바다의 고양이?

'먀~ 먀~' 하며 고양이처럼 우는 중간 크기 갈매기의 한 종류!

겉모습

- 눈 주변이 빨갛다.
- 날개를 활짝 펴면 115센티미터나 된다.
- 부리의 까맣고 빨간 무늬가 특징이다.
- 비행 중 무심코 물고기를 떨어뜨릴 때도 있다.
- 수십만 마리가 번식하는 장소는 사람에게 휩쓸리지 않도록 천연기념물로 지정하고 있다.
- 골판지 상자 둥지에서 알을 따뜻하게 하는 경우도 있다.

괭이갈매기: 일 년 내내 일본에 있다.
(왜 네가 더 유명한 거야?)

갈매기: 겨울에만 일본에 온다.
(겨울에만 보이면서…. 몰라.)

유쾌한 생물 정보

멸종되지 않도록 보호하기 위해 번식지가 보호되고 있다. 괭이갈매기 무리가 있는 곳에는 물고기 무리가 있기 때문에, 고기잡이를 도와주는 새로 소중하게 여겨졌다.

크기: 37~44cm

▲ 분류: 조류・매기과 먹이: 물고기 등 ▶ 서식지: 일본, 중국 동부, 대만 등

숨겨진 모습

사실 굉장해!

괭이갈매기는….
무엇이든 통째로 삼킨다!?

괭이갈매기는 놀랄 정도로 뭐든지 잘 먹는다! 크기가 큰 먹이도 통째로 삼키는 모습이 관찰된다!

불가사리
으악!

토끼
으악!

물고기나 불가사리는 물론 토끼나 쥐 등 포유류까지 여러 가지다.

쥐
우리 얘기 좀 하자.
으악!

아직 살아 있는 먹이도 꿀떡꿀떡 집어 삼키는 모습은 꽤나 무섭다!

새끼 성게

더 주세요.

게다가 가시로 뒤덮여 있는 성게를 삼키는 경우도 있다! 이런 굉장한 식욕은 괭이갈매기가 튼튼하다는 증거다.

아프지 말아?
별로.
삼단 성게 아이스크림

겉모습

까마귀
검은 들새?

일본에 서식하고 있는 커다란 새!

코는 그렇게 예민하지 않다. 일본에서 자주 보이는 까마귀는 거의 이 두 종류이다.

큰부리 까마귀
이마가 솟아 있다.

쇠부리 까마귀

철사로 된 옷 걸이를 둥지 재료로 쓸 때도 있다.
(알을 두는 곳에는 풀 같은 것을 깐다.)

큰부리까마귀는 원래 살던 숲에서는 죽은 고기를 먹는 경우도 많다.

이 까마귀들은 도시에 특히 많고 잡식성으로 아무거나 잘 먹는다! 쓰레기를 뒤지기 때문에 미움을 받는다.

도시의 쓰레기봉투는 까마귀에게는 동물의 시체와 같은 진수성찬?

유쾌한 생물 정보

여러 가지 소리를 내어 동료와 의사소통을 하는 까마귀. 도시에 많은 큰부리까마귀에 비해 쇠부리까마귀는 농촌에 많이 살아, 곤충이나 개구리를 즐겨 먹는다.

크기 56cm

마요네즈~.

사람의 음식 중에서는 마요네즈를 특히 좋아한다.

▲ **분류** : 조류·까마귀과   **먹이** : 과일, 동물의 시체, 새의 새끼나 알   ▶ **서식지** : 동아시아

숨겨진 모습

대단해!

까마귀는…

모두 까만색이라고 할 수는 없다!?

까마귀 무리는 세계 곳곳에 산다. 일본에서는 까마귀라고 하면 모두 까만색이지만 갈까마귀나 케이프까마귀 등 흑백까마귀도 있다.

어떤 까마귀든 우는 소리와 영리한 행동이 특징이다.

'놀이'를 한다

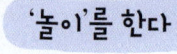

눈의 경사면을 썰매를 타듯 미끄러져 내려온다.

도구를 만든다

잎이나 가지를 이용해 숨어 있는 애벌레를 낚아 올린다.

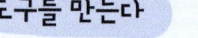

자동차 앞에 호두를 놓고 깐다

자동차교습소 주변에 있던 까마귀가 시작했다.

잎의 일부분만 이용해 먹이를 낚는다.

가지의 끝부분을 잘라 갈고리처럼 가공해서 사용한다.

까마귀에게는 아직 숨겨진 능력이 더 많을 것이다!

집단베짜기새
베를 짜는 작은 새

아프리카에 서식하는 새!

식물의 잎을 엮어 공 모양 둥지를 만든다.

← 베짜기새의 한 종류.

숲이나 산림이 아닌 건조한 지역의 큰 나무에 둥지를 만든다.

전봇대에 둥지를 만들 때도 있다. (호우)

드르륵

집단베짜기새의 보은

봤지?

← 베틀

특히 마른 잎을 둥지 재료로 쓴다.

아늑해!

언뜻 참새와 닮은 평범한 새지만…

'집단베짜기새'라고 하는 기묘한 이름에 어울리는 놀랄 만한 생태를 가지고 있다!?

유쾌한 생물 정보

아프리카 사막에 살고 있는 집단베짜기새는 커다란 무리를 짓는 새다. 둥지에 적이 나타나면 다 같이 힘을 모아 둥지를 지킨다. 둥지 안은 개별실로 되어 있어 커플 단위로 생활한다.

크기: 14cm

나도 도울게!

베짜기참새

고마워.

▲ 분류: 조류·베짜기새과   ● 먹이: 작은 곤충, 씨 등   ▶ 서식지: 아프리카 남서부

숨겨진 모습

사실 굉장해!

집단베짜기새는…
정말 거대한 둥지를 만든다!

집단베짜기새는 최대 500마리까지 살 수 있는 거대 건축물 같은 둥지를 만들기도 한다!

둥지의 역할

① 낮에는 40도, 밤에는 0도 이하인 기온차에도 끄떡없다.

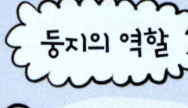

② 매나 뱀 등의 천적으로부터 스스로를 지킨다.

어디야?

무서워.

사삭.

둥지를 만드는 것은 공동 작업이다.

한번 만든 둥지가 100년 이상 사용될 때도 있다.

지은 지 100년

집단베짜기새는 놀랄 만한 사회성을 갖고 있는 '베짜기' 새다. 심지어 '공사 감독' 역할의 새가 있어서 게으름 피우는 새에게는 벌을 준다는 설도 있다.

요것 봐라!!

겉모습

황제펭귄
아장아장 황제

혹한의 남극에 사는 세계에서 개체 수가 가장 많은 펭귄!

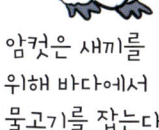
아장 아장

영하 60도의 가혹한 환경에 적응할 수 있는 두꺼운 지방을 갖고 있다.

황제펭귄의 육아는 엄청 힘들다. 수컷은 계속 얼음 위에 서서 알을 따뜻하게 한다. 알을 품기 위해서 3~4개월간 먹이를 먹지 않는다.

헬쑥

추~우~어~~.
키워 줘.

기온이 내려가면 서로 밀치는 형태를 만들어 추위를 극복한다.

암컷은 새끼를 위해 바다에서 물고기를 잡는다.

발바닥은 미끄러지지 않게 되어 있다.

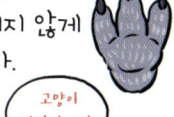

고양이 발바닥 같아.

표범물개나 범고래 등의 천적에게 습격당할 때도 있다.

으악!

새의 한 종류인데도 하늘을 날지 못하는 펭귄이지만…?

유쾌한 생물 정보

크기 : 112~115cm

새끼가 태어난 지 6주 정도가 지나면 새끼들만 모이는 보육원이 생긴다. 부모가 바다에 물고기를 잡으러 간 사이 새끼들은 서로 몸을 바짝 붙이고 추위와 위험으로부터 스스로를 지킨다.

들렀다 갈래!
응.

초등학교 2학년 어린이 정도의 크기

분류 : 조류·펭귄과 **먹이** : 물고기, 갑각류 **서식지** : 남극 대륙

숨겨진 모습

황제펭귄은...
물속을 고속으로 난다!

땅에서는 아장아장 걷는 황제펭귄….
그렇지만 바닷속에서는 고속으로 나는 것처럼 헤엄친다!

"대단해!"

"먼저 가세요."
"먼저 가세요."

처음 한 마리가 뛰어들 때까지
얼음 구멍 주변에서 몇 시간이고 기다린다.

"휭~~"

황제펭귄의 잠수 능력은 조류 중 최고다. 수심 564미터까지 20분 이상 잠수하는 것이 가능하다.

"기다려~."

사냥을 끝내면 일단 상승한다.

수면에서 날개를 가다듬고 깃털에 공기를 모은다.

"으악!"
"으악!"

황제펭귄은 깃털이 빽빽이 나 있어 바깥쪽 깃털이 물을 튕겨내고 그 아래에 공기를 저장한다.

"으악!"

깃털
공기층

점프

바닷속에서부터
유쾌하게 점프!

다시 잠수해서 가속!
깃털 속 공기에서
물방울을 발생시켜
미끄러지기 쉽게
바닷물과 몸의
마찰을 줄인다!

!!

기다려~!

숨어 있는 표범물개에게 잡히지
않도록 더욱 속도를 낸다!

물방울 층을 만들어
가속한다는 놀라운 기술은
사람의 공학 분야에서도 응용하기
시작한 정도다!

황제펭귄은 그냥
날지 못하는 새가 아니다.
하늘이 아닌 '물속을 나는' 쪽을 선택한,
스피드의 황제인 것이다!

펭귄의 종류

여러 가지 특징을 가지고 있는 재미있는 펭귄 친구들이 있어요. 각각의 특징을 살펴볼까요?

몸이나 얼굴의 무늬, 화려한 털갈이 등으로 구분해요!

황제펭귄

세계 최대의 펭귄

킹펭귄
머리 부분에 오렌지색 무늬

젠투펭귄
헤어밴드 같은 흰 띠

나뭇가지나 돌을 쌓아 집을 짓는다.

수염펭귄
머리부터 턱까지 검은 힘줄이 뻗어 있다.

등은 푸르스름한 검은색

로얄펭귄

금빛의 털

마젤란펭귄
가슴에 2개의 검은 줄

남아메리카 대륙과 포클랜드에 서식

케이프펭귄

아프리카 남서부에 커다란 무리를 만든다.

애덜리펭귄

흰색으로 보이는 부분이 깃털

훔볼트펭귄
가슴에 검은 줄

전체의 1퍼센트가 일본에서 사육되고 있다.

이와토비펭귄

암벽을 여기저기 뛰어다닌다.

갈라파고스펭귄

적도 바로 아래 살고 있다.

쇠푸른펭귄

세계에서 가장 작은 펭귄

자이언트바퀴벌레
슈퍼헤비급 바퀴벌레

겉모습

세계에서 제일 '무거운' 바퀴벌레!

오스트레일리아에 살고 있다. 너무 무거워서 날지 못한다.

다른 바퀴벌레와 달리 성장해도 날개는 없다.

체중은 최대 35g! 정글리안 햄스터와 같은 무게다.

야생에서는 땅속에 터널을 만들어 가족끼리 생활한다.

유쾌한 생물 정보

자이언트바퀴벌레는 유칼립투스 숲의 땅에 터널을 파서 생활한다. 떨어진 잎을 먹이로 먹기 때문에 더럽지 않다. 떨어진 잎을 먹은 뒤 눈 똥은 식물의 비료로 재활용된다.

크기 : 75mm

투구풍뎅이보다 크다.

▲ **분류** : 곤충·큰바퀴벌레과   ◀ **먹이** : 유칼립투스   ▶ **서식지** : 오스트레일리아

숨겨진 모습

> 사실 굉장해!

자이언트바퀴벌레는…
인기 반려동물!?

자이언트바퀴벌레는 반려동물로 인기가 높다!

겉보기에는 땅딸막하고 움직임도 콩벌레처럼 엄청 느리지만… 가격은 30~50만 원 정도!

손에 올려놓고 귀여워하는 사람도 많다.

멋진 곤충이기 때문에 당연히 비싸다. 10년이나 사는 것도 있다고 한다.

개와 비슷한 수준의 가격.

생김새	홀쭉하다	땅딸막하다
움직임	빠르다	느릿느릿하다

미움받는 벌레의 대표격인 바퀴벌레지만 '생김새'나 움직임이 다르면 사랑받는 반려동물이 된다!

사람과 바퀴벌레가 사이좋게 지내는 미래가 올지도 모르겠다.

겉모습

절엽개미
잎 절단 개미!

아메리카 대륙에 서식하는 개미!

짝둑 짝둑

날카로운 턱으로 식물의 잎을 자른 뒤 행렬을 이루어 둥지로 나른다.

빨리 빨리 가.
꾸물 거리지 마.
핫— 핫—
무슨 소리지?

절엽개미 고속도로

길가의 풀을 베어 내 고속도로처럼 정비하기도 한다!

나뭇잎에 타고 가는 개미도 있다. 비상시에는 보디가드가 된다.

힘내.
편하게 있을 때가 아니잖아.

유쾌한 생물 정보

절엽개미는 256종류나 되는데 대부분 열대 정글에 살고 있다. 큰 집단을 이루어 농작물의 잎을 베어 내기 때문에 농가 사람들은 엄청난 해충으로 여겨 두려워 하고 있다.

크기 : 3~20mm

피곤하다~
엄살 부리지 마.
오이

 분류 : 곤충·개미과   **먹이** : 균류   **서식지** : 북아메리카 남동부~남아메리카

숨겨진 모습 — 대단해!

절엽개미는 심지어… '농사'를 짓는다!

절엽개미는 마치 농사를 짓듯이 자신들의 먹이를 키운다.

농사왕이 될 거야!

운반해 온 잎을 영양분으로 삼아 둥지 안에서 버섯을 키운다. 버섯이라고 해도 우리가 아는 버섯이 아니라 흰색 스펀지 상태의 덩어리인데, 절엽개미는 이 버섯을 먹고 산다.

꿀꺽
꿀꺽

- 버섯을 키우는 개미
- 잎을 나르는 개미
- 싸우는 개미

등 각각의 역할이 있다.

밭을 향해.

이처럼 절엽개미는 높은 사회성을 가지고 있기 때문에 '농업' 같은 복잡한 작업을 할 수 있는 것이다. 사람이 농업을 시작한 건 약 1만 년 전인데 절엽개미는 5000만 년이나 농업을 계속하고 있는 대선배이다.

갓 수확한 생버섯 모음~.

밥 다 됐어요.

괜찮 거든.

겉모습

겐지반딧불이
한여름 밤의 샤이닝

희미한 빛을 발산하면서 우아하게 하늘을 날아다니는 한여름에 빛나는 곤충!

엉덩이를 반짝여 다른 반딧불이와 의사소통을 한다.

일본에 사는 반딧불이는 40종류인데 그중 빛을 내는 것은 10종류 정도이다.

쑥~
고마워~

반딧불이는 대부분 유충 시절을 땅 위에서 보내지만 겐지반딧불이는 물속에서 생활한다.

엉덩이에 '발광기'가 있다. 몸 안의 발광 물질과 효소를 이용해 빛을 낸다.

다슬기라고 하는 고둥을 먹는다.

맛있군.
꿀꺽
으악!
꿀꺽

몸의 빨간색은 '먹으면 큰일 나요.'라는 경계의 의미도 있다.

맛없어
퉤-

반딧불이의 빛에는 그러나 더 많은 비밀이…?

유쾌한 생물 정보

성충은 빛나지 않는 반딧불이도 있지만, 겐지반딧불이는 알, 유충, 번데기, 성충 모두 빛난다. 알이나 유충이 빛을 내는 것은 적을 위협하기 위해서거나 무언가의 자극에 반응하고 있는 것으로 추측된다.

크기 : 10~16mm

우왓!
작은 전구

▲ **분류** : 곤충・반딧불이과　　● **먹이** : 다슬기　　▶ **서식지** : 일본의 혼슈, 시코쿠, 큐슈

숨겨진 모습

사실 굉장해!

겐지반딧불이의 빛에는…
도쿄 형과 오사카 형이 있다!?

일본에서 반딧불이 빛의 발광 패턴은 후지산 부근을 경계로 도쿄 형, 오사카 형으로 나뉜다!

동쪽과 서쪽의 다른 점은 빛을 발산하는 간격이다. 서일본의 반딧불이는 2초간, 동일본의 반딧불이는 4초간으로 2배 이상의 차이가 있다.

반딧불이의 달인

풀콤보로 반짝

서쪽 250 콤보	반짝	반짝	반짝	반짝
동쪽 235 콤보	반짝	반짝		

발광 패턴이 다른 반딧불이끼리는 수컷과 암컷을 인식하는 것이 불가능해 자손을 남길 수 없다고 한다.
반딧불이의 언어라고 할 수 있는 빛은 이렇게 중요하다.

꽃사마귀

꽃이라고 생각하면…!?

동남아시아에 서식하는 난과 꼭 닮은 사마귀!

꽃으로 착각해서 다가온 꿀벌 등의 벌레를 재빠르게 사냥한다. 벌레를 잡는 속도는 0.03초!

새끼일 때 특히 꽃과 꼭 닮았다.

꽃이랑 닮은 것은 암컷 꽃사마귀다.

수컷은 크기가 작고 색도 평범하다.

꽃사마귀는 난의 꽃과 같이 자외선을 흡수하기 때문에 자외선을 보는 게 가능하다. 꿀벌도 속일 수 있다.

꿀벌의 눈에는…

똑같네.

← 꽃
← 꽃사마귀

유쾌한 생물 정보

꽃으로 잘 가장하고 있는 암컷과 달리 작고 색깔도 평범한 수컷. 그럼에도 씩씩하게 살아간다. 작은 몸집을 이용해 재빠르게 움직여 먹이를 잡거나 암컷에게 다가간다.

크기 : 70mm(암컷), 35mm(수컷)

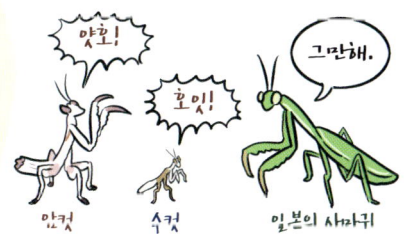

야호! / 호잇! / 그만해.
암컷 / 수컷 / 일본의 사마귀

▲ **분류** : 곤충·꽃사마귀과　　● **먹이** : 곤충　　▶ **서식지** : 동남아시아

숨겨진 모습 대단해!

꽃사마귀는 사실…
엄청난 속임수를 갖고 있다!

하아~

후루룩

꽃사마귀의 겉모습에 속은 꿀벌은 왠지 모르지만 일부러 정면에서 다가온다!

마치 '잡아먹어 주세요.' 하는 것 같은 모습이다.

심지어 꽃사마귀는 꽃으로 둔갑하는 것 외에 꿀벌을 끌어당기는 화학 물질을 내뿜는다.

빙 빙 이리와♥

슈

꿀벌이 동료들과 신호를 주고받을 때 사용하는 냄새와 비슷한 물질이기 때문에 꿀벌이 꽃사마귀를 친구로 착각하는 것이다.

어서 오세요. 맛있어요. 맛있어요~. (당신이)

겉모습뿐 아니라 냄새를 이용해서 철저히 먹이를 속인다. 아름답고 두려운 속임수의 달인이다.

성게
바다의 삐쭉삐쭉이

세계의 바다에 서식하는 가시가 난 극피동물!

극피동물은 성게, 불가사리, 해삼 등을 가리킨다.

미식 식자재로도 유명하다.

징그러워.
반면에 성게는 다시마 등을 먹는다.

가시 사이에는 가늘고 긴 관이 많다.

아삭 아삭
내놔.

이 '관족'을 이용해 해저를 이동한다.

성게 워크

양배추도 먹는다.

성게한테 찔리면?

식자재로 쓰이는 것은 성게의 난소이다. 성게의 암컷은 죽을 때까지 5억 개의 알을 낳는다.

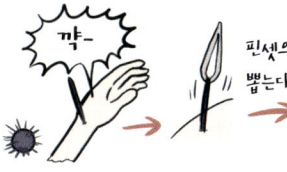
깍-
핀셋으로 뽑는다.
40~50도의 따뜻한 물에 담근다.
으으~.

유쾌한 생물 정보

가시에 독을 가지고 있는 성게도 있기 때문에 찔리면 위험한 생물이나 맛있는 고급 식자재이기도 하다. 종류나 사는 장소에 따라 200년 이상 사는 성게도 있다.

크기 : 5cm(가시를 뺀 크기)

아들아~.
아닌데.
보라성게 밤

분류 : 극피동물·긴 성게과   **먹이** : 다시마 등 해조   **서식지** : 일본, 대만 등

숨겨진 모습

사실 굉장해!

성게는…
몸 전체가 눈!?

성게는 말하자면 '눈'을 가지고 있지 않은 동물이다. 그렇지만 가시에 닿는 빛을 감지해서 세계를 보고 있다는 것이 밝혀졌다! 가시로 뒤덮인 몸의 표면 전체를 커다란 눈으로 사용하고 있었던 것이다.

빛이 닿지 않는 방향으로 방향을 바꿔!

빛을 싫어해서 어두운 곳에 모인다.

천적의 그림자를 감지해 가시를 치켜세운다.

가시의 수나 위치가 시력에 영향을 미친다는 설도 있다.

성게는 몸 전체가 '눈'이라고 생각하면 이런 광경도 다르게 보이지 않을까…?

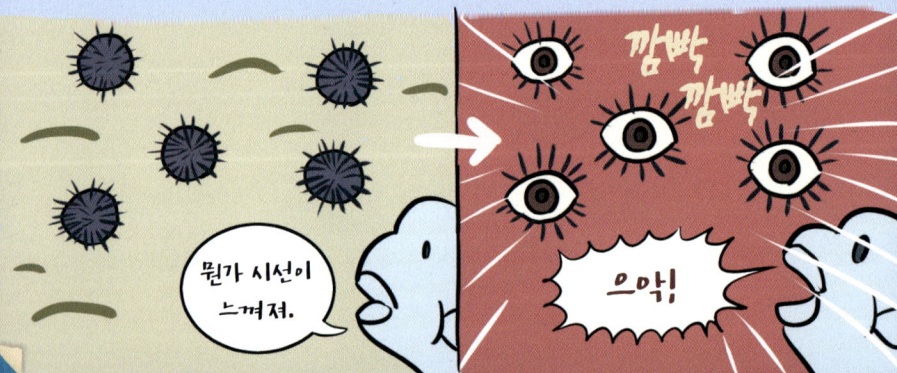

흉내문어
흉내 하면 바로 나!

'흉내문어'라는 이름 그대로 여러 가지 생물의 흉내를 내는 문어!

적이 공격하기 어려운 생물의 흉내를 낸다.

숨는 게 특기인 넙치.

다리를 모아서 납작하게 만든다.

가시를 갖고 있는 쏠배감펭.

여러 개의 다리로 뾰족한 지느러미를 재현한다.

독이 있는 바다뱀.

샤샥

촉수 두 자루를 벌려 하나의 기다란 몸으로 보이게 한다.

유쾌한 생물 정보

1998년에 인도네시아 바다에서 발견된 신종 문어다. 숨을 장소가 없는 모래땅에 살기 때문에 독이 있는 물고기의 모습을 흉내 내어 자신을 지킨다. 2012년에는 오스트레일리아에서도 발견되었다.

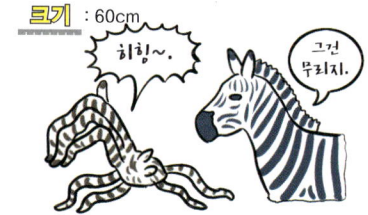

크기 : 60cm

히힝~.

그건 무리지.

별명은 얼룩문어

▲ **분류** : 연체동물·참문어과　　● **먹이** : 갑각류　　▶ **서식지** : 인도네시아, 오스트레일리아

숨겨진 모습

흉내문어는…
밤에는 흉내를 내지 않는다!?

변신이 자유로운 흉내문어지만 위태로운 상황이어도 모습이 보이지 않으면 의미가 없기 때문에 밤에는 구멍에 가만히 숨어 있는 경우가 많다고 한다. 따라서 변신 순간을 목격하는 것은 어렵다.

마치 물고기의 눈처럼 문어를 감시하는 고정 카메라가 필요할 정도다.

실제로 흉내문어를 가장 잘 보고 있는 것은 물고기일지도 모른다!
심지어 흉내의 달인 흉내문어를 흉내 내는 물고기도 있다.
흉내문어 곁에서 흉내문어 촉수의 움직임에 맞춰 헤엄치고 있는 물고기의 모습이 촬영되었다.

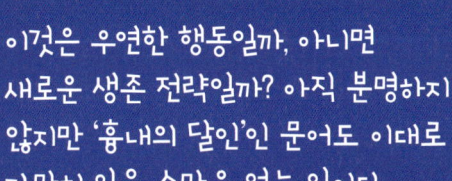

참고로 '턱 옥돔'이라는 물고기의 종류라고 한다.

이것은 우연한 행동일까, 아니면 새로운 생존 전략일까? 아직 분명하지 않지만 '흉내의 달인'인 문어도 이대로 가만히 있을 수만은 없는 일이다.

키모토아 엑시구아
몰래 몰래~

키모토아 엑시구아는 금방 물고기에게 잡아먹힐 것 같은 작은 생물!

얕은 바다에서부터 심해까지 넓게 서식하며 세계 곳곳에 약 330종류가 있다.

다리가 많고 몸에 마디가 많아 등변류의 한 종류로 분류된다. 콩벌레나 배시노무스 기간테우스의 한 무리로 어딘지 사랑스러워 보이지만….

사실은 무서운 습성이 있다…!?

유쾌한 생물 정보

약 330종류의 콩벌레 중 한 무리다. 다른 생물에 기생하는 특징이 있다. 피부나 아가미, 배 안에 기생하는 종류도 있다. 물고기의 종류에 따라 기생하는 키모토아 엑시구아의 종류가 정해져 있다고 한다.

크기  : 4~5cm(암컷), 2cm(수컷)

▲ **분류** : 갑각류・키모토아 엑시구아과 ● **먹이** : 물고기의 혈액 ▶ **서식지** : 세계 곳곳의 바다

숨겨진 모습

사실 굉장해!

키모토아 엑시구아는 심지어…
기생하고 있는 물고기의 혀로 변한다!

으악!

…… / 잘 지내? / 꺄아악

키모토아 엑시구아는 다른 생물의 입안에 붙어 기생하는 생물이다.

실례합니다

아가미를 통해 물고기의 몸 안에 침입해 혀를 대신하는 것처럼 달라붙는다.

영차

진짜 혀 / 매잇 / 홱

키모토아 엑시구아가 들러붙은 물고기는 혀가 없어져 버린다.

마지막에는 키모토아 엑시구아가 새로운 혀가 되어 영양분을 계속 얻는 것이다. 혀를 잃은 물고기는 죽지는 않지만 (영양을 빼앗기고 있기 때문에) 발육이 나빠질 수 있다.

훌쭉 / 무슨 일 있어? / 모르겠어.

꺄악~

그렇지만 무심코 먹어 버렸다 해도 사람에게 기생하는 일은 없기 때문에 안심해도 된다.

그럴게는 안 돼. / 내 말을 좀 들어 봐.

생활이 수수께끼 투성이

제 3 장

신기한!

생물의 겉모습과 숨겨진 모습

겉모습도 숨겨진 모습도 신기한 생물들!

'이런 생물이 있었어?' '어떻게 이런 모습이 된 거야.' 하며 놀랄 만한 것부터, 아직 수수께끼투성이인 수많은 심해 생물까지 겉모습도 숨겨진 모습도 모두 신기해서 유쾌한 생물이 세상에는 정말 많다.

귀여운 원숭이라고 생각했다가는…

작은 원숭이가 털갈이를 하는 것뿐…이라고 생각할지 모르지만 사실 아주 위험하고 비밀스러운 행동이다.

자세한 내용은 **P151** 에

엄청나게 거대한 심해 오징어는…

압도적인 커다란 몸집에 궁금증투성이의 상태로 인기인 심해 생물 대왕오징어. 이 오징어가 심해에서 벌이는 싸움의 비밀은…?

자세한 내용은 **P205** 에

어른이 될 수 없는 이상한 몸…

'언제까지나 아이이고 싶어!'라고 사람은 생각만 할 뿐 실제로는 불가능하지만, 우파루파는 계속 아이인 채로?

자세한 내용은 **P197** 에

오리너구리
거짓말 같은 진짜 동물

겉모습

오리의 주둥이에 비버의 몸을 이어 붙인 것 같은 신기한 동물!

포유류인데도 알을 낳는다! 겨울 추위를 견디기 위해 꼬리에 지방을 저장해 둔다.

발견된 것은 1798년! 그러나 표본은 다른 동물을 연결해서 가짜로 만들었다.

너무하네.

고무 같은 감촉의 주둥이로 미약한 전류를 감지해 먹이를 찾는다.

새끼가 태어나면 모유를 먹여 기른다. 하지만 젖꼭지가 없기 때문에 젖샘에서 나오는 우유를 빤다.

유쾌한 생물 정보

헤엄칠 때는 평평한 꼬리로 방향을 바꾸고 물갈퀴가 붙은 다리로 물속을 나아간다. 똥이나 오줌을 싸는 구멍으로 알을 낳는다. 몇 천만 년 전부터 지금까지 모습이 거의 바뀌지 않았다.

크기 : 45~60cm(수컷), 39~55cm(암컷)

고양이와 비슷한 크기

▲ 분류 : 포유류・오리너구리과　● 먹이 : 곤충, 새우, 조개, 물고기　▶ 서식지 : 오스트레일리아

숨겨진 모습 — 의문투성이!

오리너구리는 사실…
맹독성 침을 갖고 있다!

5000종류 이상의 포유류 중에서 유일하게 독침을 가지고 있는 동물, 그것이 오리너구리다!

독침에 찔리면 수 시간에서 수 일간 엄청난 고통에 시달린다고 한다!

개 한 마리 정도는 가볍게 죽이는 맹독이다.

돌려차기로 상대에게 독을 쏜다고 한다.

독침은 수컷끼리의 싸움에 쓰인다.
(독은 수컷에게만 있다.)

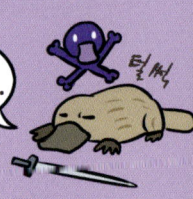

무서운 오리너구리의 독이지만 그 독이 난치병 치료를 위한 새로운 약을 만드는 열쇠가 될지도 모른다고 한다.

오리너구리의 독은 거미나 살모사의 독과 비슷하다.

사향고양이
아름다운 고양이?

고마워~

인도와 동남아시아, 아프리카 등 여러 지역에 사는 동물!

숲이나 높은 산에 살고 있다.

야채나 과일을 들쑤셔 놓아 사람에게 해를 끼치는 동물로 알려져 있는 흰코사향고양이도 사향고양이의 무리이다.

마체사향고양이

망고, 파파야, 바나나 등 과일을 먹는다. 꼬리 근처에 있는 '냄새샘'에서 좋은 냄새의 원료가 되는 물질이 나온다.

야행성으로 대부분의 시간을 나무 위에서 보낸다.

안녕~
안녕~

향수의 원료로도 쓰여 이것이 사향고양이 이름의 유래가 되었다.

왠지 싫다.

고양이샤넬   아프리카 사향고양이

그 분비물에는 설마하는 용도가…?

유쾌한 생물정보

유럽 남부의 유럽제넷고양이, 아프리카의 아프리카사향고양이 등의 무리가 있다. 발 뒷면을 절반 정도 땅에 붙이고 걷기 때문에, 발끝으로 걷는 고양이와는 다르다.

크기 : 40~70cm

냥~~~ 쿵 쿵

고양이와는 별로 닮지 않았다.

▲ **분류** : 포유류·사향고양잇과　　🐾 **먹이** : 과실, 도마뱀 등　　▶ **서식지** : 인도, 동남아시아

숨겨진 모습 — 신기해!?

사향고양이의 똥으로 커피가 만들어진다!?

세계에서 가장 비싼 커피인 '루왁 커피'는
커피숍에서 마시면 한 잔에 8만 원까지 할 때도 있다.
이 최고급 커피의 콩은…
사실 마레사향고양이의 똥에서 뽑아낸 물질이다!
원래 사향고양이의 분비물은 수컷과 암컷이
서로를 끌어당기기 위해 사용하는
페로몬 같은 것이라고 알려져 있다.
자극적인 냄새이기 때문에
그대로 쓸 수는 없지만…?

루왁 커피 만드는 방법

1. 마레사향고양이에게 커피콩을 먹인다.
2. 커피콩이 소화되지 않은 상태로 똥을 싸게 한다.
3. 똥 안에 있는 커피콩을 모아서 씻는다.

 이런 모양 아니거든.

커피콩이 사향고양이의 몸 안을
통과할 때 분비물이 스며들어 독특한 향이
만들어진다고 한다.

이와 비슷한 방법으로 코끼리의
똥에서 뽑아낸 고가의 커피도 있다.
호기심이 왕성한 사람은 시도해
보는 것도 좋겠다.

8만 원
맛있어?
똥
속삭 속삭

완성!
루왁 커피
100그램에 10만 원

깊이 있는 맛이야.
자기가 마시는 거야.
음~~~~~

우아카리원숭이
물에 잠긴 숲속의 빨간 도깨비

아마존강 가장 깊숙한 곳에 서식하는 소형 영장류! 수몰림이라는 물에 잠긴 숲에 살고 있다.

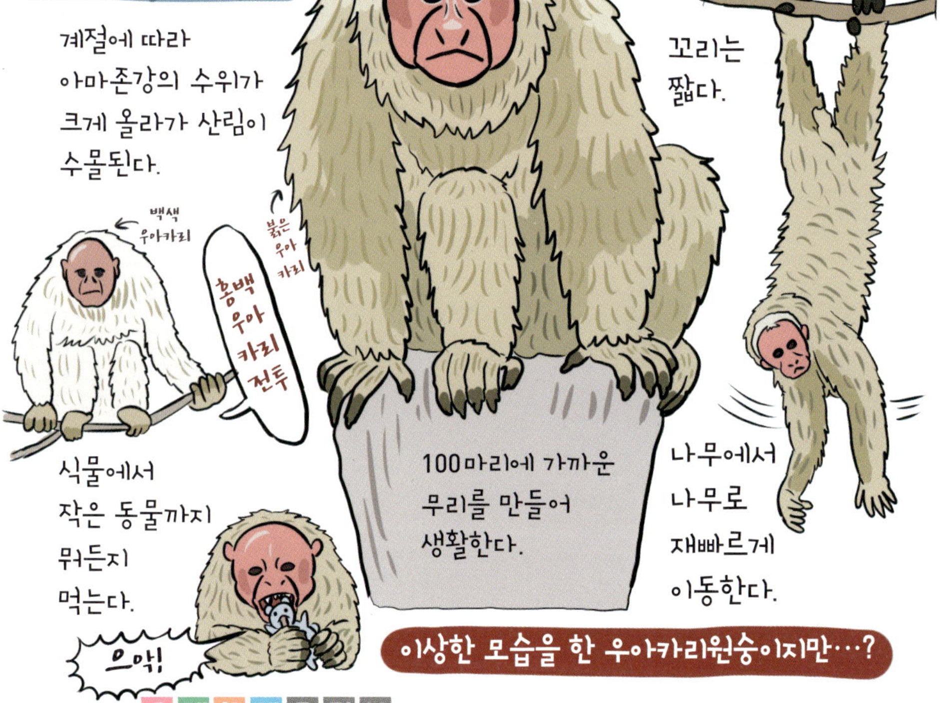

계절에 따라 아마존강의 수위가 크게 올라가 산림이 수몰된다.

몸은 부스스한 긴 털로 덮여 있다.

꼬리는 짧다.

← 백색 우아카리

붉은 우아카리

홍백 우아카리 전투

식물에서 작은 동물까지 뭐든지 먹는다.

으악!

100마리에 가까운 무리를 만들어 생활한다.

나무에서 나무로 재빠르게 이동한다.

이상한 모습을 한 우아카리원숭이지만…?

유쾌한 생물 정보

우아카리원숭이는 원숭이의 한 종류로 머리에 털이 없는 붉은우아카리는 대머리우아카리라고도 불린다. 우기의 수몰림에 모여 사는 것은 가장 좋아하는 과일인 브라질땅콩 등의 나무 열매가 많기 때문이다.

크기 : 38~57cm

신기한 동물이 없을까?

있어요! 뒤에

의외로 작다

▲ 분류 : 포유류·사키원숭이과　　 먹이 : 나뭇잎, 과실, 곤충　　▶ 서식지 : 아마존강 유역의 숲

숨겨진 모습

신기해!?

우아카리원숭이는…
사람과 꼭 닮았다!?

우아카리원숭이의 특징은 뭐니뭐니해도 도깨비 같은 새빨간 얼굴이다! 우아카리원숭이는 얼굴 표면의 지방이 얇아 혈관을 지나는 피의 색깔이 그대로 보여, 얼굴이 빨갛게 보이는 것이다.

나는 머리카락이 있다고.

화내는 우아카리원숭이

기운 없는 우아카리원숭이

웃는 우아카리원숭이

얼굴색은 우아카리원숭이의 상태를 나타낸다. 화가 났을 때는 더 빨갛게 되고, 병이 들었을 때는 해쓱해진다고 한다. 얼굴색으로 일종의 의사소통을 하는 것이다.

화를 내거나 기뻐하는 등 감정이 풍부한 우아카리원숭이는 기분 나쁜 겉모습에도 불구하고 사람과 꼭 닮았다.

그래서 원숭이를 먹는 경우는 있어도 우아카리원숭이만은 절대로 먹지 않는다는 민족도 있다.

무서워 보이거나 기묘해 보이거나, 모습도 생태도 여러 가지지만, 어딘가 우리와 닮은 '원숭이'라는 동물. 그 세계는 끝을 알 수 없이 깊다.

엄청 화가 난 우아카리원숭이

도깨비는 나가!

그 녀석이 아닌데.

뭐 하는 거야!?

늘보원숭이
사랑스러운 눈동자

동그랗고 귀여운 눈동자가 너무나 귀여운 원숭이의 한 종류!

원숭이 무리 중에서 여우원숭이나 아이아이원숭이에 가깝다.

나무의 수액이 주요 음식이다.

가지에 매달려 있을 때가 많다.

날름 날름

맛있다!

기다려~!

꾸물 꾸물

슬로우 라이프.

움직임이 느리다.

레이디 가가에게 사랑받는 반려동물로 뮤직비디오에까지 출현할 예정이었지만…?

유쾌한 생물 정보

늘보원숭이는 세계에 5개의 종류가 있는데 모두 멸종할 위기에 처해 있다. 멀리까지 볼 수 있는 커다란 눈으로 먹이를 찾아, 상대에게 들키지 않게 느긋하게 다가가 잡는다.

크기 : 30cm

대롱 대롱

박쥐처럼 뒷발로도 매달릴 수 있다.
(둘 다 야행성)

분류 : 포유류・로리스과   **먹이** : 수액, 꽃의 꿀, 곤충 등   **서식지** : 동남아시아

숨겨진 모습
수수께끼투성이!

늘보원숭이는 사실…
침에 독 성분을 가지고 있다!

늘보원숭이는 유일하게 '독이 있는 원숭이'다.

팔의 림프샘에서 나오는 액을 핥아서 타액에 독을 보존한다!

파빗~

거친 포즈

날름 날름

게다가 전신을 날름날름 핥는 것으로 몸을 독투성이로 만들어 외부의 적으로부터 자신을 지킨다.

따라서 늘보원숭이에게 물리면 매우 위험하다!

덥썩

잡아 버렸다.

가자~

레이디 가가도 늘보원숭이에게 물리는 바람에 늘보원숭이의 뮤직비디오 출연이 취소된 것이라고 한다.

브라질세띠아르마딜로
둥글둥글 데굴데굴~

남아메리카의 열대우림이나 초원에 사는, 갑각류 같은 피부를 가진 동물

갑각 밑에 공기를 모아서 체온을 유지한다.

시력이 좋지 않아 냄새로 먹이를 찾는다.

아르마딜로 패딩

위험을 느끼면 몸을 동그랗게 만다.

딱딱한 비늘 상태의 피부로 부드러운 배를 지킨다.

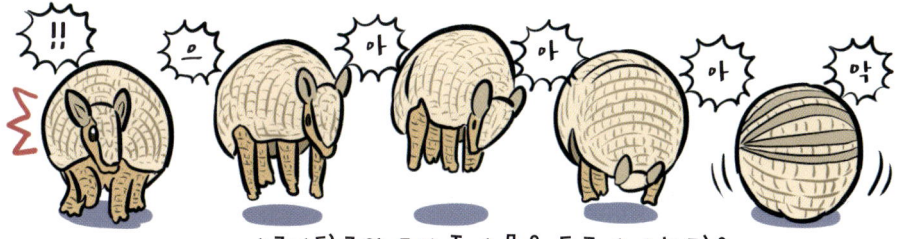

아르마딜로의 무리 중에 몸을 둥글게 마는 것은 브라질세띠아르마딜로와 남부브라질세띠아르마딜로 2종류뿐이다.

거북처럼 딱딱한 등을 가진 브라질세띠아르마딜로… 움직임은 느려 보이지만…?

비켜 줄래?

유쾌한 생물정보

아르마딜로는 20종 이상의 종류가 있는데, 대부분 구덩이를 파는 것이 특기로, 땅속에 몸을 숨기고 생활한다. 그러나 완전 방어가 가능한 브라질세띠아르마딜로는 구덩이에 몸을 숨길 필요가 없기 때문에 구멍을 파는 일이 드물다.

크기 : 30~37cm

……

오지 마.

▲ **분류** : 포유류·아르마딜로과   ● **먹이** : 곤충, 지렁이, 도마뱀   ▶ **서식지** : 브라질

숨겨진 모습

수수께끼투성이!

브라질세띠아르마딜로는…
의외로 재빠르게 달린다!

브라질세띠아르마딜로는 느긋해 보이지만 움직임은 의외로 촐랑촐랑 재빠르다.

마치 다리만 빨리 감기로 움직이는 것처럼 보인다.

앞발에 있는 4개의 발톱으로 바닥을 찌르듯이 돌진한다!

재규어 같은 맹수의 어금니도 뚫지 못하는 단단한 갑각류지만 겉보기와 달리 빠른 스피드를 갖고 있다. 작지만 무시할 수 없는 터프함이 있는 동물이다. 그것이 바로 브라질세띠아르마딜로!

완전 옛날이야기

토끼랑 거북이랑 브라질세띠아르마딜로

별코두더지
별처럼 빛나는 코

별 같이 생긴 코를 가진 두더지!

코에 달린 돌기 22개는 모두 감도 좋은 센서이다. 사람의 손보다 6배나 민감한 감도이다. 여름에 비해 겨울에는 배의 두께가 2배 정도로 두꺼워진다. 추위에 대비해 지방을 모아 두는 것이다. 눈은 별로 좋지 않지만 코로 주변의 땅을 두드리면서 먹이를 찾는다. 두드리는 속도는 1초에 12회 정도.

다른 두더지처럼 땅속에 구멍을 판다.

유쾌한 생물 정보

일본의 두더지보다 몸이 작다. 얕은 장소에 터널로 된 집을 만든다. 코의 돌기로 먹이를 감지할 뿐 아니라 약한 전기도 느낄 수 있어서 숨어 있는 먹이를 찾아낸다.

크기 : 9~12cm

▲ 분류 : 포유류・두더지과 ● 먹이 : 지렁이, 거머리, 수생곤충 ▶ 서식지 : 북아메리카 북동부

숨겨진 모습

신기해!?

별코두더지는…
거침없이 헤엄친다!

별코두더지의 사냥터는 땅속만이 아니다!
심지어 물속에서도 거침없이 헤엄칠 수 있다!

30종류가 넘는 두더지 무리 중에서 유일하게
습지나 늪에 사는 두더지이다.

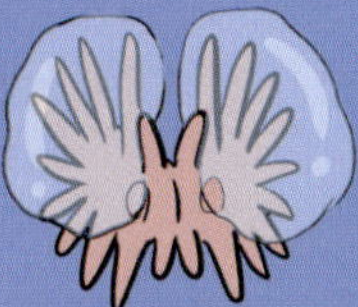

개굴~

?

시궁창 두더지

콧방울로 거품을 내뿜거나
들이마시면서 물속에
떠도는 먹이의 '냄새'를
찾는다는 설도 있다.

뿌꾸~

!!

으익!

공포! 수중 에일리언 **두더지**

물고기가 보면 호러
영화처럼 무서울 수도 있다!

호저

뾰족뾰족한 숲

겉모습

몸이 날카로운 가시로 덮여 있는 쥐! 다람쥐의 친구!

위험을 느끼면 가시를 곤두세워 위협한다.

가시는 몸의 털이 변한 것이다. 길이는 30센티미터나 된다. 가시가 빠지면 새로운 가시가 난다. 가시의 흑백 무늬는 주위 동물을 '위협'하는 수단이다.

삐죽

아프리카 갈기 호저

육식 맹수들도 두려워한다.

으아아아악

꿀 좋다.

깔끔한 상투 스타일

건널목 캉 캉 캉 물러서!

태어난 직후에는 가시가 부드럽지만 며칠만에 딱딱하게 변한다.

유쾌한 생물 정보

가시 안이 비어 있어 적을 위협할 때 가시를 흔들어 소리를 낸다. 아메리카에도 호저라는 동물이 있지만, 아프리카의 호저와는 완전히 다른 종류로 나무 위에 산다.

크기 : 60~100cm (아프리카 갈기 호저)

모래 폭풍

꺼내 줘.

▲ **분류** : 포유류·호저과   ● **먹이** : 뿌리, 씨, 과일, 죽은 동물의 뼈   ▶ **서식지** : 아프리카

숨겨진 모습

'호저의 딜레마'라니…
호저는 고민하지 않는다!?

'호저의 딜레마'라는 말을 알고 있나요?

호저는 서로의 몸을 따뜻하게 하기 위해서 가까이 다가간다. 하지만 가시가 있기 때문에 너무 가까이 다가가면 상대의 가시에 찔려 버린다! 가까이 다가가고 싶지만 다가갈 수 없는 심리적인 모순!

마음속으로는 '친하게 지내고 싶다'고 생각하지만 좀처럼 가까이 다가갈 수 없는 심리를 나타내는 말이다.

그렇지만 현실의 호저는 그런 딜레마와는 무관하다. 가시가 곤두서지 않도록 해서 찔리지 않게 바짝 달라붙는 경우도 있다.

같은 종류임에도 불구하고… 아니 같기 때문에 거리감에 망설이는, 그것은 인간만의 고민일지도 모르겠다.

코주부원숭이
정글의 친구

> 겉모습

동남아시아 보르네오섬 열대우림에 사는 원숭이!

강 근처에 산다.
(맹수를 대비한 것이다.)

수컷은 '주먹' 같은 커다란 코가 특징이다. 코가 클수록 인기가 있다.

188종류의 식물을 먹는다.

원숭이
④
인기 절정! 멋쟁이
코걸이!

식물을 소화하는 데 알맞은 위를 가지고 있다. 하지만 과일을 먹으면 위 안에서 심하게 발효되어 죽는 경우도 있다고 한다!?

볼록 부풀어 오른 똥배. 다른 원숭이가 먹지 않는 나뭇잎이나 익지 않은 과일을 먹는 것으로 식량을 둘러싼 싸움을 피한다.

평화주의적이고 느긋한 코주부원숭이지만…?

유쾌한 생물 정보

배가 큰 것은 장이 길기 때문이다. 그래서 소화하기 어려운 나뭇잎을 먹고 영양분을 섭취하는 것이 가능하다. 아무도 먹지 않는 나무의 잎까지 혼자 차지할 수 있어서 먹을 것이 없어 곤란한 경우는 없다.

크기 : 70cm(수컷), 60cm(암컷)

하~
움직이기 싫다.

하루의 약 80퍼센트는 쉬면서 보낸다.

코주부원숭이를 망치는 구실

▲ **분류** : 포유류·코주부원숭이과   🌙 **먹이** : 나무의 잎, 과실   ▶ **서식지** : 보르네오섬

코주부원숭이는…
악어가 있는 강을 헤엄쳐 건넌다!

코주부원숭이는 의외로 헤엄을 잘 친다!
원숭이 중에서도 손꼽히는 수영 선수다.

높이 20미터의 나무에서 강으로 뛰어내린다!

헤엄쳐서 넓은 장소로 이동해, 보다 많은 식량을 얻는다.

손에는 물갈퀴도 있다.

물속에서 악어나 비단뱀에게 습격당할 위험까지 무릅쓰고 헤엄쳐서 이동하는 것을 선택한 코주부원숭이들….
그 모습이 정말 용맹하고 과감해 보이지 않는가?
할 때는 하는 원숭이인 것이다.

주먹코보다 갓파랑 비슷하네.

내 생각도 그래.

외뿔고래

거대한 뿔

머리에 긴 뿔을 가진 고래의 한 종류!

뿔은 수컷에게만 있다.

무거워.

뿔은 3미터 가까이 될 때도 있다.

북극 연해나 하천에서 2~10마리 정도가 무리를 지어 생활한다.

전설의 동물 '유니콘'의 기원이 됐다는 설도 있다.

뿔에는 여러 가지 기능이 있다고 알려져, 교역품으로 사용되기도 했다. 뿔을 2개 갖고 있는 외뿔고래도 있다.

두뿔고래 아니야.

오징어나 대구 등의 물고기를 주로 먹는다.

슉~
뿔 없으
으악!
일단 성공
외뿔고래의 탄생

유쾌한 생물 정보

'벨루가'라고도 불리는 흰돌고래에 매우 가까워서 초음파로 먹이가 있는 위치를 감지하는 것이 가능하다. 때로는 1500m 깊이로 잠수해서 먹이를 찾을 때도 있다.

크기 : 4~6m

외뿔고래 1박

▲ **분류** : 포유류·외뿔고래과   **먹이** : 물고기, 오징어   ▶ **서식지** : 북극해

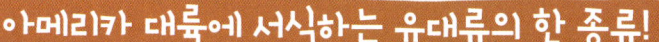

주머니쥐
죽은 척이 특기

아메리카 대륙에 서식하는 유대류의 한 종류!

코알라나 캥거루와 같은 종류다.

주머니쥐도 나무 타기가 특기다.

'죽은 척'하는 특기로 유명하다. 흰 눈을 부릅뜨고 혀를 내밀어 악취가 감도는 액으로 썩는 냄새까지 연출하는 철저함이 있다.

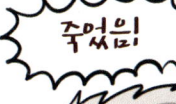

상대가 놀랄 때 도망갈 기회를 노린다.

유쾌한 생물정보

주머니쥐의 종류는 87종이나 되는데 가장 유명한 것이 북아메리카에 사는 북주머니다람쥐다. 잡식으로 뭐든지 먹는 생물이기 때문에 마을에 나타나 쓰레기를 뒤지는 경우도 있다.

크기 : 33~35cm

 분류 : 포유류·주머니다람쥐과　 **먹이** : 소형동물, 과일 등　▶ **서식지** : 북아메리카, 중앙아메리카

숨겨진 모습 — 수수께끼투성이!

주머니쥐의···
육아는 힘들다!

주머니쥐는 '자장가쥐'라는 별명이 있다!
그 정도로 주머니쥐에게
육아는 힘든 일이다.
어미의 임신 기간은 12~14일!
태어난 새끼는 '육아낭'이라고
부르는 육아용 주머니까지
있는 힘을 다해
기어 들어간다.

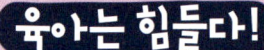

화내는 주머니쥐: "쥐 아니라니까."

힘~내~~.

시끄러워.

갓 태어난 새끼는 꿀벌과 비슷한 크기이다.

육아낭에 다다르지 못하고 죽는 새끼도 있다.

하늘 나라로···

한번에 20마리의 새끼가 태어날 때도 있다.

새끼를 등에 업고 걷는 어미 주머니쥐.

허헉~

으악!

떨어진 주머니쥐

그러나 젖꼭지 수는
한정되어 있기 때문에
살아남는 것은 절반 정도이다.
새끼 때부터 죽음과 가까이 있는
주머니쥐이기 때문에 죽은 척이
뛰어난 것인지도 모른다.

거드름을 피우는 주머니쥐: "네 말대로야." 에헴

의문을 가지는 주머니쥐: "이건 어떨지…?"

벌거숭이뻐드렁니쥐
지하를 달리는 누디스트

캄캄한 지하에 사는 털 없는 쥐!

피부는 쭈글쭈글…

벌거숭이뻐드렁니 매실장아찌

튀어나온 이빨은 매우 민감하다! 센서 역할도 한다.

복잡한 지하 미로 같은 소굴에 산다.

개미나 꿀벌처럼 여왕을 중심으로 단체 생활을 하는 동물이다! 포유류로서는 엄청 드문 경우다.

물렀거라.
여왕
왕(잘나가는 수컷)
병사·일꾼

유쾌한 생물 정보

벌거숭이뻐드렁니쥐는 대단한 능력으로 주목받고 있다. 첫 번째는 공기 중의 산소가 줄어들어도 계속 살아갈 수 있는 것이며, 다른 하나는 나이를 먹어도 금방 몸의 기능이 약해지지 않는 것이다.

크기 : 8~9cm

타------악
신난다!
아직?

▲ **분류** : 포유류·뻐드렁니쥐과　　● **먹이** : 식물의 씨 등　　▶ **서식지** : 아프리카 동부

숨겨진 모습

수수께끼투성이!

벌거숭이뻐드렁니쥐에게는…
이불 담당이 있다!?

무리로 생활하는 벌거숭이뻐드렁니쥐는 여왕, 일꾼 등 여러 가지 역할이 있는데… 심지어 이불 담당까지 있다고 한다! 이불 담당인 벌거숭이뻐드렁니쥐는 여왕의 새끼가 태어나면 바닥에 누워 새끼들의 이불이 된다.

ZZZZZ

이불 담당은 아침에 늦게 일어난다.

덜 덜

추워.

털이 없기 때문에 체온 조절이 서툴다.

따뜻해~.

땅속이 차가워지면 몸집이 작은 새끼들은 바로 체온을 잃는다! 소중한 새끼들과 여왕이 체온을 잃지 않도록 따뜻하게 지키는 역할이다.

뿡!

간다, 얘들아~

새끼뿐 아니라 여왕까지 올라타면 정말이지 숨이 막히겠다고 생각할지도 모르지만…

100 마리가 올라타도 괜찮아!

아마도….

산소가 없는 상태로 18분이나 살 수 있는 터프한 벌거숭이뻐드렁니쥐다! 이 정도의 무게쯤은 식은 죽 먹기일 것이다.

매너티
조용한 물의 거수

겉모습

커다란 몸집으로 물속을 느긋하게 헤엄치는 동물!

콧등에 수염이 많이 나 있다. 이 수염으로 먹이를 구별하거나 만져 본다.

주로 수중 식물을 먹는다. 하루에 자기 체중의 10퍼센트 정도(수십 킬로그램)나 먹는다.

지느러미의 형태로 구분한다!

듀공 - 돌고래와 닮아 빠르게 헤엄칠 수 있다.

매너티 - 부채 같은 형태로, 속도는 빠르지 않지만 좁은 곳에서 방향을 바꿀 수 있다.

우걱 우걱

물속에 사는 포유류가 풀을 주식으로 하는 것은 매우 드문 경우다.

인어의 모델이 되기도 했다는 매너티지만…?

유쾌한 생물 정보

매너티는 코끼리 종류에 가까워 수천만 년 전부터 존재한 동물이라고 알려져 있다. 지금은 전멸되었지만 최장 8m나 되는 '스텔러바다소'라는 대형 종류도 있었다.

크기 : 3m

▲ **분류** : 포유류・매너티과   ● **먹이** : 물가의 풀   ▶ **서식지** : 카리브 해안과 그 하구

숨겨진 모습 — 신기해!?

사실 매너티는…
코끼리에 가까운 종류!?

인어 전설의 모델이 될 정도로 우아하게 헤엄치는 매너티. 바다표범이나 돌고래와 닮은 부분도 많은 포유류지만 실제로는 코끼리에 가까운 종류다.

매너티의 지느러미 형태는 코끼리와 꼭 닮았다. 진화의 흔적일 것이다.

먼 옛날 '하이렉스'라는 작은 코끼리의 무리에서 갈라져 나왔다고 한다.

지느러미 끝의 손톱을 이용해 해저를 걸어서 이동할 수 있다.

매너티는 거대한 몸을 유지하기 위해서 대량의 물풀을 먹어야 하는데, 물풀에 들어 있는 산성 성분과 물풀을 먹을 때 함께 들어오는 모래 때문에 항상 이빨이 닳는다. 그렇지만 새 이빨이 계속 나기 때문에 이빨이 없어질 걱정은 없다.

닳은 이빨은 자연스럽게 빠져 안쪽의 이빨이 앞으로 밀려 나온다.

이런 특징을 가지는 포유류는 몹시 드문데 코끼리, 캥거루 그리고 매너티뿐이라고 한다.
인어처럼 우아하게 춤추고, 코끼리처럼 많이 먹는다.
우아함과 관록을 겸비한 매너티는 바닷속 신비에 가득 찬 동물이다.

많이 먹기 대회

개복치

바다를 떠도는 헤비급 물고기

*경골어
(상어나 가오리 등 의외의 물고기)

가장 크고 가장 무거운 경골어*

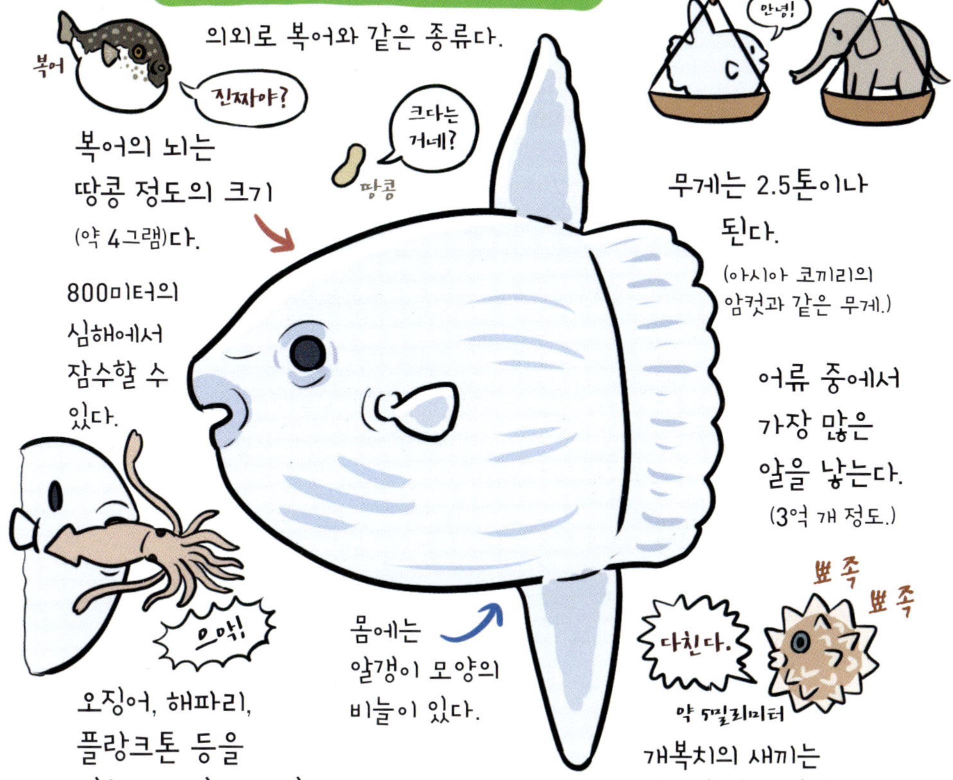

의외로 복어와 같은 종류다.

복어: 진짜야?

크다는 거네? 땅콩

복어의 뇌는 땅콩 정도의 크기 (약 4그램)다.

800미터의 심해에서 잠수할 수 있다.

무게는 2.5톤이나 된다.
(아시아 코끼리의 암컷과 같은 무게.)

안녕!

어류 중에서 가장 많은 알을 낳는다.
(3억 개 정도.)

오징어, 해파리, 플랑크톤 등을 먹는다고 알려져 있다.

으악!

몸에는 알갱이 모양의 비늘이 있다.

뾰족 뾰족
다친다.
약 5밀리미터
개복치의 새끼는 별사탕 같은 생김새다.

개복치의 특이한 체형에는 어떤 비밀이…?

 유쾌한 생물 정보

피부에 기생충이 붙기 쉽기 때문에 개복치는 기생충을 흔들어 떼어 내기 위해 물 위로 점프한다. 일광욕을 할 때 바닷새가 개복치의 몸에 붙은 기생충을 쪼아 먹는다는 사실도 밝혀졌다.

크기 : 2.8m

해면에서 일광욕을 한다.

뻐끔
헤-이!

 분류 : 어류·개복치과   먹이 : 해파리, 새우, 게 등   서식지 : 세계 곳곳의 따뜻한 바다

겉모습

숨겨진 모습

수수께끼투성이!

개복치는…
상당히 독특한 골격을 가졌다!

겉으로 봐서는 알기 어렵지만…

개복치의 골격은 물고기 중에서도 특히 유별나다! 마치 새의 날개처럼 위아래로 늘어진 지느러미.

새의 부리처럼 상하 한장씩 늘어선 이빨.

쩌—억

활 같이 생긴 몸체.

개복치 큐피드

갼당 갼당

받아라.

개복치 활

다른 물고기와 달리 꼬리지느러미가 없다. 꼬리지느러미처럼 보이는 부분은 방향지느러미로 방향 전환에 쓰인다.

파닥 파닥

그리고 날렵한 몸체! 이 특수한 골격은 개복치가 복어와 같은 무리인 것과 관계가 있다. 복어는 적에게 잡아먹히지 않기 위해 자신의 몸을 부풀리는 능력이 있다. 그것을 위해서는 뼈가 방해가 된다.

등지느러미와 배지느러미의 일부가 변형된 것이다.

먹을 수 있으면 먹어 봐.

뿌꾸~

몸을 극한까지 키우는 것으로 살아남은 개복치도 배 주변에는 뼈가 없다.
독특한 체형은 광대한 바다 생활에 적응한 증거다.
그렇다고 해도 아직 개복치의 생태에는 수수께끼가 많다.

형~.

아니거든.

쿠키커터상어
쿠키 몬스터!?

곤봉 같은 몸을 가진 가늘고 긴 심해 상어!

몽둥이 / 뭐 하는 거야? / 복

달마와는 닮지 않았다.
(일본 이름은 '달마상어'이다.)

골격이 딱딱하고 무는 힘이 세다!

얼마 되지 않는 심해의 빛을 감지하기 위해서 눈이 크다.

상 / 하

위쪽 이빨은 짧은 가시 모양이다.
아래쪽 이빨은 작은 삼각형 모양으로 스테이크 나이프와 비슷하다.

칼슘을 보충하기 위해 빠진 이빨을 자기가 다시 먹는다는 설도 있다.

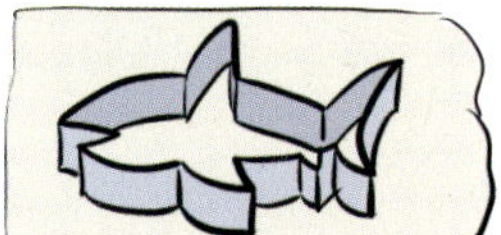

쿠키 커터

상어쿠키

쿠키커터상어!
어딘지 모르게 귀여운 이름이지만….

사실은 무서운 습성을 가지고 있다고 하는데…!?

1000m 정도의 바다에 사는 심해어로 알려져 있지만, 조사해 보면 1~3000m 사이를 왔다 갔다 하며 먹이를 찾는다고 한다. 배에 발광기가 있어 몸을 빛내는 것이 가능하다.

크기 : 56cm

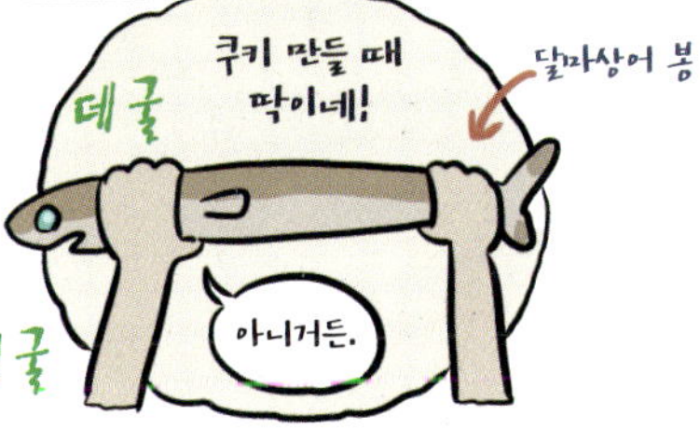

쿠키 만들 때 밀이네! / 달마상어 봉 / 데굴 / 데굴 / 아니거든.

 : 어류·갑상어과   먹이 : 대형어류, 돌고래나 고래의 고기   서식지 : 세계 곳곳의 바다

숨겨진 모습

신기해!?

쿠키커터상어는…
먹이의 고기를 도려낸다!!

쿠키커터상어의 식사 모습은 매우 독특하다. 자기보다 큰 참치나 바다표범 등에 매달려 고기를 도려내어 먹는다.

먹이에 살며시 다가가 입을 크게 벌려 몸을 물고 늘어진다! 그리고 빙빙 회전하며 고기를 도려낸다! 반 바퀴 정도 회전하면 고깃덩어리를 얻는다.

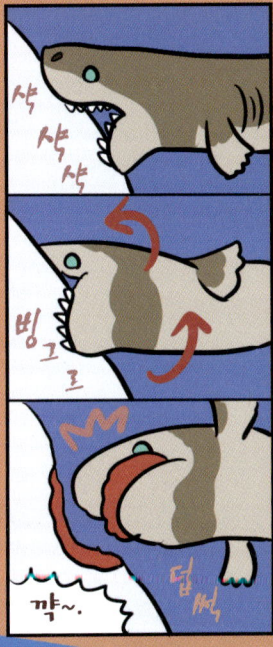

먹이의 몸에는 아이스크림을 스푼으로 뜬 것 같은 상처가 남는다….

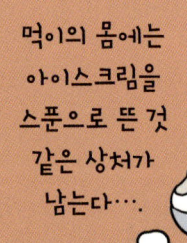

그래서 쿠키커터 상어가 '쿠키 모양'에 비유되는 것이다.

완성 쿠키커터상어 쿠키 / 회 아니야 / 맛있어요.

무서운 쿠키커터상어지만 가끔 잠수함이나 해저케이블 등 딱딱한 물체를 무심코 물기도 한다고….

딱딱해. / 당연하지. / 덥썩

배럴아이
심해에서 빛나는 녹색 눈

부풀어 오른 녹색 눈과 머리 부분에 투명한 돔을 가지고 있는 몹시 기묘한 생김새의 심해어!

투명한 돔은 해파리 촉수에 붙어 있는 작은 먹이를 노릴 때 촉수로 인해 눈에 상처가 나는 것을 방지하는 역할을 한다고 알려져 있다.

돔 안쪽은 액체로 가득하다.

입 위쪽에 검은색 원은 눈이 아니라 '콧구멍'이다.

위를 향하고 있는 눈으로는 위쪽에서 헤엄치는 먹이를 찾아낸다.

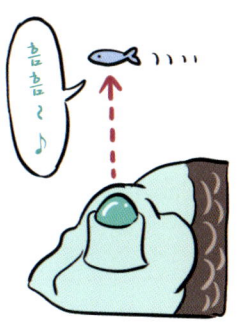

유쾌한 생물 정보

수심 400~800m에 사는 심해어. 살아 있는 모습이 발견된 사례는 적다. 아직 수수께끼투성이! 배에서 빛을 내는 검은 배럴아이, 4개의 눈을 가진 배럴아이 등 신기한 종류가 많다.

 15cm

일본에서는 '눈이 나온 보리멸'이라고 부르는데, 보리멸과 비슷하게 생긴, 눈이 튀어 나온 물고기라는 뜻이다.

▲ 분류 : 어류·통안어과   ● 먹이 : 해파리, 새우 등   ▶ 서식지 : 태평양 등

숨겨진 모습

배럴아이의 눈은… 앞쪽도 볼 수 있다!

배럴아이의 눈은 항상 위를 향하고 있어 불편하지 않을까 생각할 수도 있겠지만…

사실은 눈을 앞으로 향하는 것도 가능하다.

혹독한 심해 숨바꼭질에서 살아남기 위해 튀어나온 배럴아이의 눈은 최고의 능력을 갖추었다.

200m 사람이 빛을 감지하는 한계

배럴아이는 400~800m에 서식한다.

1000m

빛이 없다.

배럴아이의 눈은 심해에 다다르는 적은 양의 태양광을 흡수해 어두운 곳에서도 먹이를 찾을 수 있다.

해마

여유롭게 떠도는 바다의 말

겉모습

말을 연상시키는 겉모습이 상당히 기묘한 바다 생물이다!

영어로는 sea horse (바다 말)

이예!

이쑤시개처럼 가는 실고기의 한 종류다.

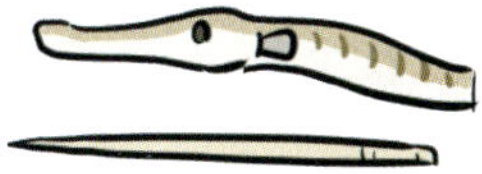

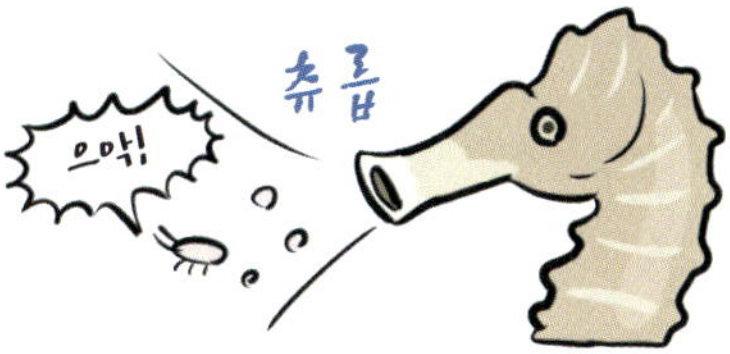

츄릅

으악!

스포이트 같은 입으로 물속의 플랑크톤이나 갑각류를 흡수한다.

몸은 딱딱한 골격으로 덮여 있다.

안심이군.

산호나 해조에 배를 휘감고 생활한다.

수영을 잘 못하기 때문에 물살이 난폭해지면 죽는 경우도 있다.

으악!

유쾌한 생물 정보

물고기로 보이지 않는 겉모습이지만 사실은 훌륭한 물고기다. 눈 뒤에 아가미뚜껑과 가슴지느러미가 있다. 해조나 산호와 모습이 비슷해 숨으면서 꼬리지느러미를 휘감아 몸을 고정하는 종류가 많다.

크기 : 1.5~35cm

엄청 작은 해마도 있다.

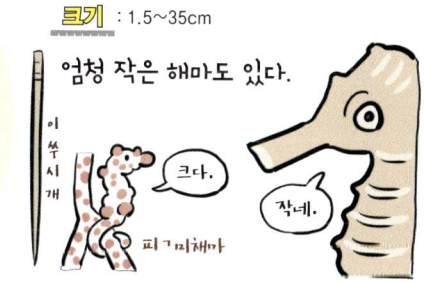

이쑤시개

크다.

작네.

피그미해마

▲ 분류 : 어류・해마과   먹이 : 플랑크톤   ▶ 서식지 : 세계 곳곳의 따뜻한 바다

숨겨진 모습

수수께끼투성이!

해마는…
수컷이 새끼를 낳는다!

해마는 심지어 수컷이 '임신'해서 새끼를 낳는 정말 신기한 동물이다!

수컷의 배에는 주머니(육아낭)가 있어 새끼를 만드는 시기가 되면 암컷은 수컷의 주머니에 알을 낳는다! 수컷은 정성껏 알을 돌본다.

그리고 2~3주 뒤에 알이 깨어난다! 새끼를 수중에 수 마리씩 방출하는 모습은 신비하면서도 사랑스럽다.

출산 후 바로 암컷이 알을 가지고 오는 경우도 있다고 한다.

초롱아귀
어두컴컴한 물속에는?

심해에 사는 아귀의 한 종류!

머리에서부터 뻗어 있는 촉수에 달려 있는 것은 '에스카'라고 하는 기관.

'에스카'에는 빛을 내는 미생물이 자리를 잡고 있어 빛을 낼 수 있다.

몸 표면에는 작은 사마귀가 많아 울룩불룩하다.

몸에 비해 입이 위쪽 방향으로 열려 있다.

아귀탕 등 식용으로 쓰이는 것은 더 얕은 바다에 사는 황아귀 등이다.

빛과 흔들흔들하는 움직임을 이용해 먹이를 꾀어 들인다.

유쾌한 생물 정보

600~1200m 깊이에 사는 심해어로 수면으로 부상할 때도 간혹 있다. 일본 바다에서도 발견되지만 대서양에서 발견되는 경우가 많다. 생태 등은 아직 수수께끼투성이인 물고기다.

크기 : 38cm(암컷), 4cm(수컷)

영어 이름은 '풋볼 피시(럭비 물고기)'

분류 : 어류·초롱아귀과   **먹이** : 물고기, 갑각류   **서식지** : 대서양, 태평양

숨겨진 모습

수수께끼투성이!

초롱아귀의 수컷은…
암컷 몸의 일부분이 된다!?

초롱아귀의 수컷은 암컷보다 몸집이 굉장히 작다! 그래서 왜소한 수컷이라는 의미의 '왜웅'이라고 불린다.

'왜웅'인 이유는 번식을 위해서다! 초롱아귀의 수컷은 번식기에 암컷의 몸을 물고 늘어지며 기생 생활을 한다.

번식을 마치면 다시 넓은 바다에서 혼자 살아간다. 초롱아귀의 이런 기생 생활을 '일시부착형'이라고 한다. 하지만 심해에는 보다 놀라운 기생 생활을 하는 초롱아귀 무리가 있다고…

* 최근에는 한쪽이 이익을 얻는 '기생'이 아니라 '공생'이라고 보는 학자도 있다.
초롱아귀의 경우 수컷은 암컷에게 들러붙는 것만으로 확실하게 자신의 자손을 남길 수 있고, 암컷은 수컷을 찾는 데 에너지를 쓰지 않아도 되니 양쪽 다 이익이다.

미츠크리에나가초롱아귀도 수컷이 암컷에게 딱 달라붙어 있는 점은 같다. 그런데 번식이 끝난 뒤에도 수컷이 암컷의 몸에서 떨어지지 않는다!

짝

↓

볼록

암컷 한 마리에 2~3마리의 수컷이 붙는 경우도 있다.

죽을 것인가 돌출부가 될 것인가?

그뿐 아니라 피부나 혈관 등이 암컷과 완전히 이어져 암컷에게 계속 영양을 받으며 생활한다. 최종적으로 수컷은 눈이나 내장 등이 기능하지 못하게 되어 그냥 사마귀 같은 돌출부가 되어 버린다고…. 수컷은 암컷을 만나지 못하면 죽어 버릴 정도로 약하다. 이런 아귀의 기생 생활을 '진성기생형'이라고 부른다. 수컷은 돌출부가 될지 죽을지 둘 중 하나를 선택하지 않으면 안 된다.

또 하나의 생존 방식은 '임의기생형'이라고 불리는 것! 아귀처럼 혼자 살아가는 것이 가능하지만 한번 달라붙으면 더 이상 암컷에게서 떨어지지 못하는 형태의 생활 방식이다. 평생 혼자서 살아갈지, 번식해서 돌출부가 될지를 선택하게 되는 것이라고….

좋겠네.

아귀

행복한

신혼생활!

이제 두 번 다시 떨어지지 않을 거야.

어쩐지 기묘하게 생각되는 초롱아귀의 생태지만 먹이가 적은 심해에서는 나름대로 훌륭한 생존 전략이다.

심해의 아귀

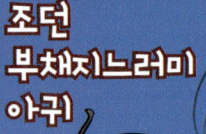
아직 더 있어요

심해 아귀 중에는 놀랄만한 특징을 가진 종이 많다. 신기한 모습을 중점적으로 체크해 보자!

유령, 도깨비, 악마, 낙타? 이름도 대단해!

조던 부채지느러미 아귀

길고 커다란 지느러미를 펼쳐서 바닷속을 떠다닌다.

낙타아귀

암컷의 몸은 둥글다.

눈은 작고 커다란 입에 이빨이 날카롭다.

데바악마아귀

머리에 나 있는 긴 촉수는 끝이 낚싯바늘 형태로 되어 있다.

긴 촉수를 등에 꽂는 것도 가능하다.

유령도깨비아귀

머리에는 뿔 같은 가시가 달려 있다.

얼굴 중앙에 구상의 루어가 달려 있다.

몸은 거의 투명하다.

깜짝아귀

전 세계에 2개의 개체만 보고된 엄청 드문 초롱아귀. 다른 아귀와 달리 몸이 가늘고 길다.

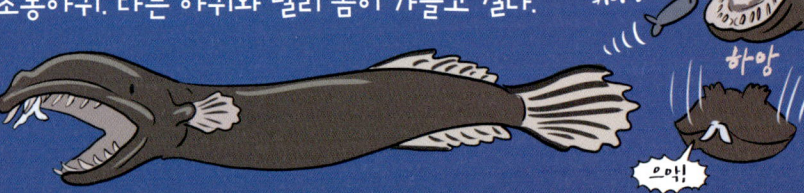

동전 지갑처럼 커다란 입

하양

으익!

입안으로 먹이가 들어오면 파리지옥처럼 입이 닫힌다! 이름처럼 놀라운 행동이다.

깜짝이야! 파리지옥

청줄청소놀래기
바다의 청소부

바다 생물의 몸을 청소하는 작은 물고기!

기생충이나 오래된 피부 등을 먹어 물고기의 몸을 깨끗하게 해 준다.

유쾌한생물정보

산호초의 바다에 사는 물고기로, 수심 40m보다 얕은 곳에서 볼 수 있다. 일본에서는 오키나와 오가사와라의 바다에서 많이 볼 수 있다. 청소를 하는 모습은 보통 수족관에서 볼 수 있기 때문에 잘 관찰해 보자.

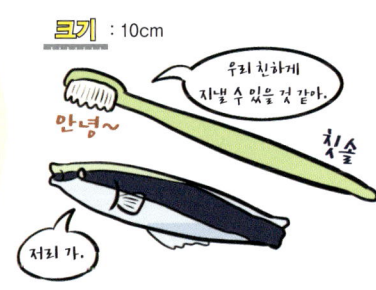

▲ **분류** : 어류·놀래기과   **먹이** : 물고기에 붙은 기생충 등   ▶ **서식지** : 태평양, 인도양

숨겨진 모습

청줄청소놀래기 시늉을 해서…
사기를 치는 물고기가 있다!?

청줄청소놀래기가 청소를 하고 있는 것은 그냥 자원봉사가 아니다. 손쉽게 먹이를 구할 수 있고, 힘이 센 물고기 주변에 있으면 습격당할 위험도 적기 때문이다.

이런 장점을 이용하려고 청줄청소놀래기의 흉내를 내는 것이 **청베도라치** 라는 물고기다. 꼭 닮은 모습으로 다른 물고기를 속인다.

청소를 받으려고 다가온 물고기에게 가까이 다가가서…

청소 춤도 그대로 따라한다.

아가미나 피부 일부분을 막 뜯는다고 한다!

꼭 닮은 모습에 사육사도 속을 정도라고….

구분 방법
입이 곧다
→ 청줄청소놀래기
입이 아래쪽을 향한다
→ 청베도라치

청베도라치의 '속임수'는 지금으로서는 수조에서 확인되었을 뿐 배 속을 확인해도 지느러미 등은 발견되지 않았다고 한다. 실제로 그 정도로 교활한 물고기는 아닌 걸까, 아니면 정말로 속임수가 뛰어난 물고기인 것인가…? 진실은 물고기들만이 알고 있다.

서커스틱 프린지헤드

빈정거리는 듯한 미소?

태평양에 서식하는 물고기!

보통은 조개껍데기나 바위에 몸을 숨기고 있다. '프린지헤드'라는 이름은 머리에 붙은 안테나 같은 돌기에서 유래한다. 이것으로 주변의 상태를 탐지하는 것으로 알려져 있다.

작은 바위 사이로 얼굴을 불쑥 내미는 비늘베도라치의 한 종류이다.

무서워….

자신의 영역에 들어온 것을 위협한다.

서커스틱이란 '빈정거린다'는 의미로, 독특하고 히쭉거리는 듯한 표정에서 유래된 것일까?

잡어 녀석이….

당신도 물고기죠?

잡어 녀석!

문어거든.

이리 와~

안 그래도 무서운 이 물고기에게는 더 무서운 비밀이 있다는데…?

유쾌한 생물정보

일본에서는 에일리언 물고기라고 불린다. 커다란 머리에 커다란 눈, 몸은 가늘고 긴 것이 특징이다. 머리에 달린 안테나 같은 부분으로 다른 물고기의 위치를 탐지한다고 한다.

크기 : 25cm

집이 작네.

시끄러워!

▲ 분류 : 어류·비늘베도라치과   🍴 먹이 : 작은 물고기, 새우 등   ▶ 서식지 : 아메리카 서해안

숨겨진 모습

서커스틱 프린지헤드는…
에일리언 같은 입으로 싸운다!

서커스틱 프린지헤드의 비밀은 입!
포식할 때 확 하고 입을 크게 벌린다!

그 모습이 정말 에일리언 같다!

영역 의식이 무척 강하다. 커다란 입을 최대한 벌려서 '스모' 선수처럼 맞부딪혀 싸운다!

이것이 바로 바다 에일리언끼리의 매우 화려한 입 싸움이다.

토코투칸
아마존 하늘을 나는 보물

겉모습

몸 전체 길이의 3분의 1이나 되는 커다란 주둥이가 특징!

이 비율은 조류 중에서 최대급이다. 눈 주변은 옅은 오렌지색이다.

주둥이로 과일을 서로 던져 구애한다.

놀아 줘.

과일 껍질을 요령껏 벗기는 것도 가능하다.

새끼의 주둥이는 자라면서 점점 커진다.

거대한 주둥이의 무게는 겨우 15그램.

10엔짜리 동전 3개와 같은 무게.

가볍네.

정면

정말 독특한 골격

주둥이 내부는 벌의 둥지 같은 벌집 구조로 가볍고 튼튼하다.

유쾌한 생물 정보

정글에 사는 새의 이미지지만, 나무가 듬성듬성 자라는 숲에 산다. 과일을 좋아하고 따기 힘든 가지 끝의 열매도 긴 주둥이로 능숙하게 딸 수 있다.

크기 : 61cm

잉~ 바나나

 분류 : 조류·큰부리새과   먹이 : 과일, 곤충, 도마뱀, 새의 알 등 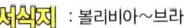 서식지 : 볼리비아~브라질

숨겨진 모습

수수께끼투성이!

토코투칸의 주둥이는…
코끼리의 귀와 닮았다!?

보통 새는 호흡과 날개를 펼치는 것으로 체온을 조절한다.

토코투칸 빙수

그렇지만 토코투칸은 커다란 주둥이로 체온을 조절할 가능성이 높다고 한다.

적외선 카메라의 피부 온도 측정 영상

주변의 온도가 올라가면 큰부리새의 주둥이 온도가 상승한다.
(반면 체온은 상승하지 않는다.)
미세한 혈관으로 둘러싸인 커다란 주둥이는 체내에서 열을 내보내는 역할을 한다.

이 발열 기능은 '코끼리의 귀'와 비교된다고 한다!

토코투칸의 주둥이와 아프리카코끼리의 귀는 공기에 닿는 면적이 넓기 때문에 효과적으로 혈액을 식힐 수 있다.

앗, 뜨거워!

큰부리새의 주둥이는 코끼리의 귀

임금님 귀는 당나귀 귀!

귀를 파닥파닥해서 열을 쫓는 코끼리.

몸에 거대한 기관을 갖고 있는 무리끼리 얘기가 통할지도 모르겠다.

벌새
아주 작은 헬리콥터

겉모습

새 중에서도 몸이 가장 작은 것이 벌새 무리!

터무니없는 속도로 날아다니며 꽃의 꿀을 마신다!
가장 큰 특징은 '제자리 비행' 능력!

초고속으로 날개를 파닥여 헬리콥터처럼 공중에 정지하는 것이 가능하다. 평범한 새는 할 수 없는 대단한 능력이다.

날개짓의 횟수가 무려 초당 80회!
(가장 작은 벌새인 콩벌새의 경우)

8자를 그리는 듯한 날개의 움직임으로 공기의 소용돌이를 만든다!

뭐라고?

8자?

조류 중에서 유일하게 뒤쪽 방향으로 날 수 있다.

↑양력 ↑양력

다른 새들과 다르게 날개를 내릴 때도 올릴 때도 양력(날개를 위로 당기는 힘)이 발생하기 때문에 편하게 제자리 비행을 할 수 있다.

유쾌한 생물 정보

벌새는 종류가 많아 약 33종이나 된다. 수컷은 대부분 눈부시게 빛나는 파란색이나 초록색이다. 콩벌새는 세계에서 가장 작은 새로 체중은 약 2g 정도다.

크기 : 5cm(콩벌새)

우웅~

콩벌새

위를 보고 누운 상태가 되면 방향 감각을 잃어 움직일 수 없다.

▲ **분류** : 조류·벌새과   ● **먹이** : 꽃의 꿀, 곤충, 거미   ▶ **서식지** : 아메리카

숨겨진 모습

수수께끼투성이!

벌새는…
달달한 꿀을 벌컥벌컥 마시는 것이 숙명!

계속해서 날개를 부지런히 움직이는 벌새는 날 때 많은 에너지를 쓰기 때문에 매일 자기 체중 이상의 꿀을 마셔야 한다!

꽃의 꿀은 자연계에서 엄청난 고칼로리 식량이다.

만약 벌새가 사람 정도의 크기라면 제자리 비행 1분마다 주스를 한 잔씩 계속해서 마시지 않으면 힘을 낼 수 없다는 계산이다.

벌새 인간

벌새들이 꿀을 빨고 있는 꽃은 '조매화'라고 부른다. 새가 꽃가루를 옮겨 주는 꽃이다. 조매화는 꿀을 대량으로 생산하지만 점도가 매우 약하다. 그러니까 벌새는 벌컥벌컥 마시지 않으면 살 수 없는 것이다.

필요한 에너지를 채우기 위해 벌새는 오늘도 꽃에서 꽃으로 바쁘게 날아다닌다!

줄무늬카라카라

하늘을 나는 악마?

포클랜드 제도에 사는 매의 한 종류!

여기

나랑 같은 종류네.

1매

독특하고 높은 울음 소리가 '카라카라'라는 이름의 유래.

카라 카라

지능이 높다. 새부터 작은 동물, 벌레에서 시체까지 뭐든 먹는다.

으악!

자신보다 큰 젠투펭귄까지 덮친다.

날카로운 발톱으로 주로 지상에서 사냥한다.

사람을 공격하는 일은 없지만 하늘을 나는 악마라고 불려 두려움의 대상이다. 대체 무엇 때문일까?

유쾌한 생물정보

여름에 포클랜드 제도에서 펭귄이나 바닷새의 알, 새끼를 노린다. 매의 무리인데도 날지 않고 걸어서 사냥을 한다. 호기심이 강해 어디에나 가까이 다가간다.

크기 : 50~65cm

1등 포클랜드 여행

카카 카카

필요 없어.

▲ **분류** : 조류·매과   ● **먹이** : 곤충, 펭귄 등   ▶ **서식지** : 포클랜드 제도

숨겨진 모습

신기해!?

줄무늬카라카라는…
천재적인 도둑??

줄무늬카라카라가 하늘을 나는 악마라고 불리며 미움을 받게 된 것은 사람을 두려워하지 않는 대담무쌍함 때문이다.

카라카라 3세

후후후

텐트를 고정하는 쇠고랑을 잡아 뽑아 텐트를 망가뜨려 안에 있는 식량을 훔치는 특기도 있다.

맛있어!

이얏

에잇

허겁지겁

으악!

안 닮았어.

현상수배
카라카라
5달러

현상금도 적고.

새끼 염소 등 가축을 낚아채는 일도 있어서 사람들에게 적대시되어, 결국 현상금이 걸릴 정도가 됐다! 그 결과 서식 수도 3천 마리 정도로 줄어들었다.

포클랜드 제도는 겨울이 되면 먹이가 급격하게 줄어 어린 새는 대부분 죽어 버린다고….
(가장 가까운 섬까지 500킬로미터!)

하늘을 나는 악마이면서 천재 도둑인 줄무늬카라카라도 스스로가 그리고 새끼가 살아남기 위해 필사적으로 지혜를 짜내고 있었던 것이다.

이에잇!

으악!

펭귄 형사

녀석은 엄청난 물건을 훔쳤어요.

제 새끼 염소예요.

메에~

숨겨진 모습

신기해!?

회색앵무, 그 영리함 때문에…
밀렵의 희생양이 되고 있다!

회색앵무는 높은 지능과 사랑스러움 때문에 애완용으로 몹시 인기가 있다.
그 때문에 밀렵도 많이 발생한다!

영리하다! 귀엽다!
회색앵무

"좁아." "어두워." "무서워."

← 밀렵꾼에게 잡혀서 좁은 우리에 감금된 회색앵무들!

애완용 회색앵무 한 마리를 수입하기 위해서 20마리가 희생되기도 한다고….

밀렵된 회색앵무는 도망치지 못하게 날개의 일부를 손상시키는데 그 때문에 병에 걸리거나 스트레스로 죽는 경우가 많다.

결국 2016년 워싱턴 조약을 체결해 야생 회색앵무의 수출입을 금지했다. 하지만 더 희귀해져서 밀렵이 더 심해질지도 모른다.

"여긴 어디?"

영리하고 수다스럽고 원래는 단체로 생활하는 유쾌한 새….
사랑스러운 회색앵무는 일본에서도 인기가 높아 연간 500마리 가까이 야생 회색앵무가 수입되고 있다! 그렇기 때문에 이런 사정을 잘 알아야 한다.

"좁아." "어두워." "무서워."

역습한 회색앵무
"바보 바~보."
회색앵무의 반역 / 저녁신문

영리한 회색앵무의 원한을 사면 언젠가…?

남미 물꿩
물 위를 산책한다!

남아메리카에 서식하는 물새!

커다란 발이 가장 큰 특징! 긴 발톱을 이용해서 수면 식물 위를 잘 걷는다.

검은 몸에 날씬한 체형으로 스타일이 매력적이다.

날개에 '날개발톱'이라는 돌기가 있다.

닌자

작은 발보다도 체중이 실리기 어려운 구조로 물에 잘 빠지지 않는다.

물에 떠 있는 수련 등의 이파리 위에 둥지를 만든다.

으악! 풍덩

새끼도 발이 크기 때문에 부모와 함께 수면 식물 위를 걸을 수 있다.

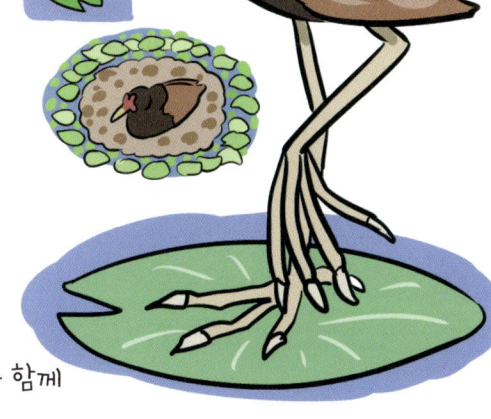

유쾌한 생물 정보

악어나 카피바라가 서식하는 남아메리카의 호수나 강에 사는 새. 수풀 위의 곤충을 찾으면서 걸어 다닌다. 물꿩의 한 종류로 세계에 8종 정도가 있는데 모두 발가락이 엄청 길다.

크기 : 21~25cm

삐끔 삐끔

▲ **분류** : 조류・물꿩과   ● **먹이** : 곤충   ▶ **서식지** : 남아메리카

숨겨진 모습

신기해!?

남미 물꿩의 수컷은…
암컷이 바람피우는 것을 알면서도 새끼를 키운다!

남미 물꿩은 기본적으로 '일부일처제'로 수컷이 새끼를 키우는데….
암컷은 수컷 눈앞에서 당당하게 '바람'을 피운다.

암컷은 둥지에 알을 낳고 여러 수컷의 곁을 돌아다닌다.

암컷이 바람을 피우면서까지 많은 알을 낳는 이유는 악어에게 잡아먹히는 알을 대비하기 위해서라고 추측된다.

수컷이 돌보고 있는 새끼가 '내 자식'일 확률은 겨우 '4분의 1'

하지만 수컷은 '자신의 새끼'든 아니든 상관하지 않고 일단 눈앞의 새끼를 키운다.
그렇게 함으로써 자신의 새끼를 키우고 있을 가능성을 높인다고 믿고 있을 수도 있다.
어떤 의미로는 훌륭한 육아 정신이다.

황금독화살개구리

세상에서 가장 아름다운 독개구리

지구 최강 클래스의 독을 가진 독개구리의 한 종류!

남아메리카 원주민이 독을 화살촉에 발라 쓴 것이 이름의 유래이다.

뒷발에 화살을 밀어 넣음.

뭐 하는 거야?

산뜻한 몸 색깔은 적에게 '먹지 마!'라고 경고하는 것!

먹으면 죽어.

그렇지?

한 마리의 독으로 코끼리는 2마리, 사람은 10명까지 죽일 수 있는 공포스러운 맹독이다.

복어의 독보다 4배나 강한 독을 가졌다.

복 네 마 리

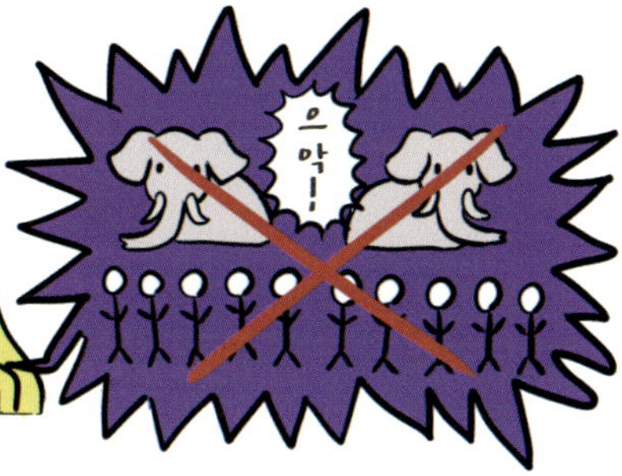

으악!

유쾌한 생물 정보

열대 정글에서 생활한다. 알은 떨어진 나뭇잎 밑에 낳는다. 수컷은 올챙이가 태어나는 것을 끝까지 지켜보다가 태어난 새끼들을 물살이 세지 않은 곳으로 옮긴다.

크기 : 4.5~4.7cm

수컷은 새끼를 등에 태우고 키운다.

떨어지면 안 된다.

재밌다!

으악!

← 탁구공

▲ **분류** : 양서류 • 독개구리과   ◐ **먹이** : 곤충 등   ▶ **서식지** : 콜롬비아 서부

숨겨진 모습

수수께끼투성이!

황금독화살개구리는…
사랑받는 반려동물!?

개굴~.
30만원
개구리 사세요!

황금독화살개구리 같은 독개구리는 일본에서 반려동물로 유행 중인데 30만 원 정도로 살 수 있다.

딸기 독개구리
코발트 독개구리

색깔도 무늬도 다양해서 아름답다.

독개구리 왕자님

'맹독이 위험하지 않을까' 하고 걱정할 수 있지만 사실 독개구리한테는 원래 독이 없다!

야생 독개구리는 만지면 안 돼요.

서식지에 있는 진드기나 개미 등의 특정 곤충을 먹으면서 조금씩 독을 획득해 간다고 한다.
(따라서 사육하는 독개구리한테는 독이 없다.)

으악!
독 게이지

그렇게 착실하게 독을 축적한 결과 세상에서 가장 센 독을 얻었으니 놀랄 만하다.

하지만 서식지에 사는 천적 뱀에게만은 독이 통하지 않는다.

수명 게이지
으악!

우파루파
멕시칸 귀염둥이

겉모습

*도롱뇽이나 개구리 등

신기한 표정과 하얀 몸 색깔이 특징인 양서류*!

별명은 멕시코 도롱뇽! 커다란 아가미가 튀어나와 있다.

멕시코의 운하에 서식한다.

유체

요~

새끼 때의 특징을 간직한 채 어른이 된다.

어른 같은 거 되지 않을 거야.♪

이미 됐거든.

숭배하라

향~향

15~16세기의 아스텍 제국에서는 우파루파를 숭배했다.

'아홀로틀'이라고도 불린다.

아홀…

맘에 안 드는데.

아즈텍 언어로 신의 이름에서 유래된 것이다.

이런 성질을 '유형성숙'이라고 한다.
현재는 수가 줄어 수년 안에 멸종될 거라는 설도….

유쾌한 생물 정보

야생에서는 해발 2000m 이상의 고지 호수에 산다. 전신이 까만 것들이 많다. 반려동물로 인기가 있는 전신이 하얀 우파루파는 가끔 태어나는 흰색 개체를 사육해서 늘린 것이다.

크기: 20~25cm

우파루파 왕자님

독개구리 왕자님

음~

누구!?

분류: 양서류·점박이도롱뇽과　　**먹이**: 새우, 게, 물고기　　**서식지**: 멕시코

숨겨진 모습 〈신기해!?〉

우파루파는…
놀랄 만한 재생 능력이 있다!

우파루파 등 점박이도롱뇽 무리는 놀랄 정도로 육체 재생 능력이 높다.

연구에 따르면 어떤 특정한 단백질이 빠른 재생을 돕는다고 한다.

메모리를 복구하고 있음

심지어 뇌 등의 중요한 기관이 없어져도 재생이 가능하다고 하니 정말 놀라운 일이다.

이런 놀라운 일을 가능하게 하는 우파루파의 특별한 세포에 대한 연구는 계속되고 있다.

언젠가 사람 몸의 잃어버린 조직을 재생하는 열쇠가 될지도 모른다.

텍사스뿔도마뱀

사막의 생존자

> 미국에 서식하는 파충류!

코요테로 불리는 개, 뱀, 새 등 천적이 많은 위험한 '사막'에서 살아남기 위한 여러 가지 방어 수단이 있다.

주식은 개미.

으악!

천적에게 발견될 것 같으면 지면과 닮은 몸 색깔을 이용해 숨어 천적이 그냥 지나가게 만든다. 혹시 발견되면 몸을 2배로 부풀려 위협한다! 쉽게 집어삼킬 수 없다!

> 궁지에 몰리면 '최강의 병기'를 쓴다…!?

유쾌한 생물 정보

북아메리카부터 멕시코의 사막에 이르는 지역에 사는 도마뱀. 아침저녁 시원한 시간에 개미 등의 먹이를 찾고, 더운 낮 시간에는 식물의 그늘에서 쉰다. 반려동물로 인기가 있어서 사람들에게 사로잡혀 개체 수가 줄어들고 있다.

크기 : 10cm

미니 선인장

용 같은 겉모습! …이지만 의외로 작다.

분류 : 파충류·뿔도마뱀과   먹이 : 개미   서식지 : 북아메리카 남서부~멕시코

숨겨진 모습 신기해!?

텍사스뿔도마뱀의 최후의 병기는…
눈에서 튀어나오는 혈액!

숨어도 위협해도 안 되는…
그런 큰 위험에 처하면 텍사스뿔도마뱀은
최후의 수단을 쓴다!

천적을 향해서 '물총'을 쏘듯 눈에서 혈액을 발사한다.

푸슈우우웃

꺄악!

사정거리는 1미터나 된다!
게다가 코요테 등이 싫어하는 성분이 혈액 안에 포함되어 있어,
이 공격에는 사막의 강적들도 버티지 못한다.

그렇지만 이 '혈액총'에 의해
몸속의 혈액을 3분의 1이나
소비해 버린다고…!

You Win!

좀처럼 사용할 수 없는 위험한 기술이다.

혹독한 사막 세계에서 살아남기 위해 때로는 목숨을 거는 위험을
무릅쓸 수밖에 없다.

아프리카화벌

야생 꿀벌?

> 아프리카 꿀벌과 서양 꿀벌을 인간의 손으로 교배해서 태어난 벌!

꿀벌 하면 벌꿀!
꿀을 많이 모을 수 있는 꿀벌을 사람의 손으로 교배시켜 만들려는 계획이 있었다.

아프리카 꿀벌은
서양 꿀벌보다…
· 무리를 만들기 쉽다
· 둥지를 지키는 힘이 세다
… 등의 장점이 있었다.

원래는 이 꿀벌 2종의 좋은 특징을 합쳐 열대 지역인 브라질에 딱 알맞은 '이상적인 꿀벌'을 만들려는 계획이었으나….

아프리카   서양

엘리트 꿀벌

아보오~
빠지—

유리는 안 깨지지.

> 그런데 어느날 연구소에서 실험중인 벌이 도망쳐 버렸다…?

유쾌한 생물 정보

아프리카화벌은 건강식품 등에 사용되는 프로폴리스를 만드는 능력이 뛰어나 주목받고 있다. 프로폴리스는 꿀벌이 모은 수지와 자신의 타액을 섞어서 만드는 둥지의 재료 중 하나이다.

크기 : 10~20mm

꿀벌 치고는 조금 작은 편

사랑해요, 허니~.

▲ **분류** : 곤충·꿀벌과   ● **먹이** : 꽃의 꿀   ▶ **서식지** : 브라질, 오스드레일리아, 아메리카

숨겨진 모습 — 수수께끼투성이!

아프리카화벌은…
'살인벌'이라는 별명이 있다!

연구소에서 탈출한 아프리카화벌은 예상외의 진화를 이루었다. 번식을 반복하면서 서식 지역을 점점 확대한 것이다!

가자!

가자!

- 무리를 만들기 쉽다 → 대량으로 무리를 불리는 것이 가능하다!
- 둥지를 지키는 힘이 세다 → 공격력도 엄청 높다! 라는 특징이 추가되어
- 영역에 들어온 적을 끈질기게 쫓아간다.
- 한 마리의 독은 세지 않지만 여러 마리가 대군을 이루면 맹독이 된다!

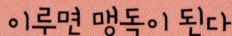

곰 씨 살인 사건

그 결과, 작은 꿀벌임에도 불구하고 '살인 벌'이라고 불리며 두려움의 대상이 되었다.

현재는 성격이 온화한 이탈리아꿀벌 등과 교배하면서 흉포한 성질을 조금씩 온화하게 만들고 있다고….

사랑해.

오~.

벌꿀 피자

공작거미
반짝이는 댄스 마스터

오스트레일리아에 서식하는 깡충거미의 한 종류

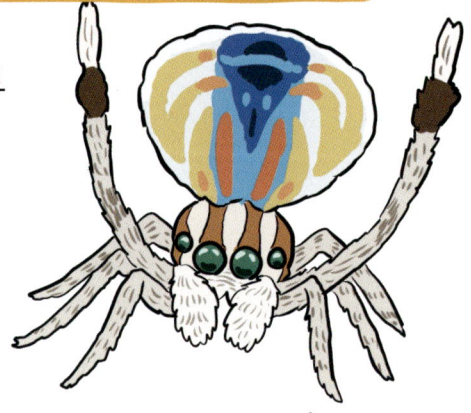

깡충거미는 실제로 덫을 만들지 않고 직접 달려들어 파리 등을 잡아먹는 거미다.

공작거미는 화려한 춤을 춰서 암컷의 흥미를 끈다!

살랑~
수컷　암컷

부채 같이 생긴 화려한 색깔의 배 무늬가 딱 공작을 닮았다.

신나 보이네.

헤이~

후!

종류에 따라서 무늬도 춤도 여러 가지다.

유쾌한 생물정보

깡충거미는 먹이를 향해 점프할 때 생명 줄로써 실을 이용한다. 잘 발달한 큰 눈을 가진 거미이기 때문에 밝은 색과 화려한 춤으로 눈길을 끈다.

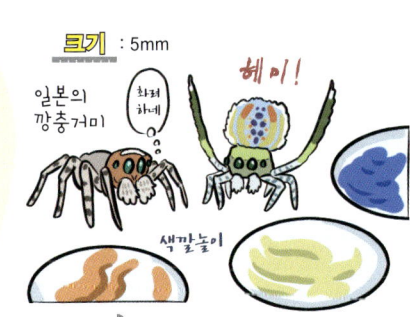

크기 : 5mm
일본의 깡충거미
화려하네
헤이!
색깔놀이

▲ **분류** : 절지동물・깡충거미과　　● **먹이** : 작은 벌레 등　　▶ **서식지** : 오스트레일리아 등

숨겨진 모습

신기해!?

공작거미의 춤은…
목숨을 건 일?

공작거미 수컷은 춤을 추어서 암컷의 눈길을 끌지만….

으음?

헤이

헤이

춤이 서툰 수컷은 암컷에게 먹혀 버리는 경우도 있다!!

먹어 버리자!

쿵—

으악!

즐거워 보이는 춤은 사실 목숨을 건 일이었다!

깡충거미 종류는 눈이 좋기 때문에 겉모습으로 상대에게 어필하는 것으로 여겨진다. 그렇지만 암컷은 춤보다 무늬의 아름다움 쪽을 중요하게 생각한다는 안타까운 설도 있다.

헤이!

다음

푸

공작

그러면 춤을 안 추는 게 이익 아냐…?

마음에 안 들어도 잡아먹지 마.

뭐?

공작 암컷

…라고 생각할 수도 있지만 춤을 춰야만 하는 이유가 반드시 있을 것이다.

대왕오징어
심해의 촉수 왕!?

> ＊ 무척추동물 : 등뼈가 없는 동물을 가리킨다.

심해에 사는 수수께끼투성이의 거대 오징어다.

빨판이 빽빽이 나 있는 여덟 개의 다리.

비치볼 크기의 눈알.

그만 해. 퐁ㅡㅡ

생물계에서 가장 큰 눈이다.

2개의 긴 다리를 이용해 먹이를 잡는다.

해수보다는 가벼운 암모니아가 몸속에 대량으로 들어 있기 때문에 먹어도 맛있지 않다.

으악! 주로록

입에는 날카로운 주둥이

으악! 오징어

'심해의 대왕'이라는 별명이 어울리는 거대한 몸이지만…?

유쾌한 생물 정보

거대한 크기의 오징어지만 몸의 구조는 마트에서 팔고 있는 마른 오징어와 거의 같다. 헤엄치는 속도가 엄청 빠른데 적극적으로 사냥을 해서 여러 가지 물고기나 오징어를 잡아먹는다.

크기 : 최대 18m

암모니아 냄새….

발견되는 것은 해변가에 밀려온 시체가 대부분이다.

▲ **분류** : 두족류·대왕오징어과　　🍴 **먹이** : 오징어, 물고기 등　　▶ **서식지** : 태평양, 인도양, 대서양

숨겨진 모습

수수께끼투성이!

거대한 대왕오징어에게도…
천적이 있다!?

세계 곳곳의 바다에 서식하는 향유고래….
향유고래의 기본적인 먹이는 오징어 종류로 그 중에는 대왕오징어도 포함된다.

30미터 이내에 오징어가 있습니다.

1000미터 이상의 깊이까지 잠수하는 향유고래는 특수한 음파를 이용해 오징어를 찾아낸다.
거대한 대왕오징어도 50톤의 큰 향유고래 앞에서는 먹이가 되어 버린다!

그러나 물론 대왕오징어도 가만히 잡아먹히지는 않는다!

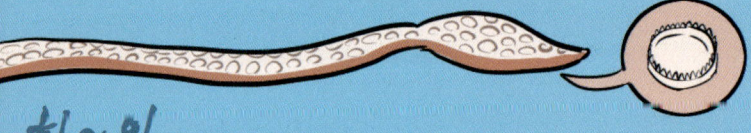

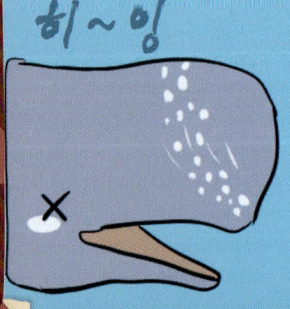

히~잉

뾰족한 빨판이 붙은 2개의 긴 다리로 필사적으로 저항한다.
사투를 벌인 끝에 향유고래의 얼굴에 빨판 흔적을 남기는 경우도….

남극하트지느러미오징어

실로 거대한 오징어

대왕오징어 서식지보다 더 깊은 바닷속에 또 한종, 거대한 몸에 수수께끼가 많은 오징어가 숨어 있다.

향유고래의 위 안에서 발견되었다!

대왕오징어는 세계 최대의 오징어로 불리고 있지만 그것에 필적할 정도의 크기를 뽐내는 것이 바로

심해 2000미터에 서식하는 남극하트지느러미오징어다.

긴 다리를 포함해서 최대 18미터

대왕오징어와 비교하면 전체적으로 땅딸막하게 보이지만 체중은 500킬로그램이나 되어, 대왕오징어를 훨씬 능가한다. 1미터나 되는 긴 팔에 직경 2.5센티미터나 되는 커다란 빨판이 나 있다. 아래로 향한 날카로운 발톱 같은 빨판은 무기가 되기도 한다. 눈이 엄청나게 크다. 체중 5킬로그램 정도의 물고기를 한 마리만 먹어도 200일이나 살 수 있다. 에너지 절약 체질! 몸이 큰 것에 비해 그다지 많은 먹이가 필요하지는 않은 듯하다. 심해를 느긋하게 그냥 떠돌아다닌다고….

몸길이 약 12~13미터

지금까지 성체의 전신 표본은 3개밖에 알려져 있지 않아 대왕오징어보다 더 많은 수수께끼에 둘러싸여 있다.

심해해삼
심해의 꿈

겉모습

심해 300~6000미터에 서식하는 해삼의 한 종류!

기묘한 분홍색의 반투명한 몸을 가졌다.
동그란 입으로 대량의 모래나 흙을
빨아들여 그 안의
미생물 등을 먹는다.

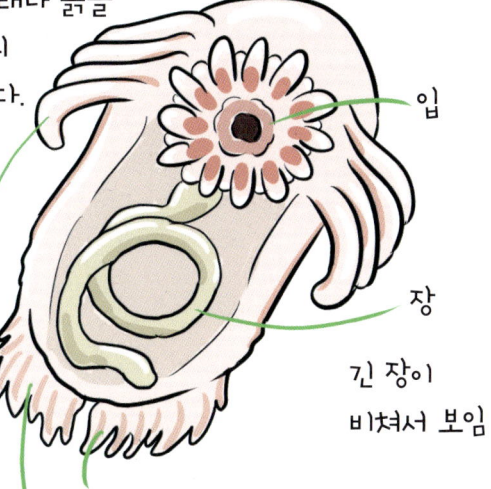

입

장

긴 장이 비쳐서 보임

자극을 느끼면 발광한다.

'사마귀발'이라고 불리는 기관이 12~14개 있다.

보통의 해삼은 해저에 잎벌레처럼 굼실굼실 움직일 뿐이지만….

심해해삼에게는 '꿈 같은' 특수한 능력이 있다…?

유쾌한 생물 정보

해삼의 무리는 해저를 느릿느릿 돌아다니며 모래나 흙과 함께 미생물을 먹는다. 영양분이 적은 음식에서 가능한 많은 영양분을 얻기 위해서 긴 장을 이용해 시간을 들여 소화시킨다.

크기: 20cm

▲ **분류**: 극피동물・해파리해삼과   ● **먹이**: 해저의 미생물   ▶ **서식지**: 태평양

숨겨진 모습

신기해!?

심해해삼은…
둥실둥실 헤엄친다!

심해해삼은 바닷속을 둥실둥실 계속 헤엄치는 놀라운 해삼이다.

사마귀발과 사마귀발 사이에는 물갈퀴 같은 막이 있어서 그것을 지느러미처럼 파닥파닥 움직여 발헤엄을 친다.

사마귀발은 몸의 앞뒤에 있어 앞쪽의 사마귀발을 이용해 앞으로 나아간다.

둥실

둥실

서서 먹는 소바집 같네.

배고파. / 잘 먹겠습니다. / 잘 먹었소. / 스스스스스

해저에 착륙하는 것은 먹을 때뿐이다.
(식사는 1분 정도면 끝난다.)

쿨쿨쿨

분홍색으로 빛나는 해삼이 우아하게 바닷속을 떠다닌다. 그것이 바로 '꿈' 같은 광경이 아닐까….

벌떡

꿈인가… / 한 번 더 깬 해삼

나도 할 수 있어.

참고로 해삼도 헤엄을 못 치는 것은 아니다. 그렇지만 1시간에 5미터밖에 나아가지 못한다.

꿈꾸는 해삼

지쳤어.

현실 해삼

딱총새우

넓고 넓은 바다의 총잡이

겉모습

따뜻한 바다에 사는 새우의 한 종류!

집게발을 부딪혀 파열음을 내기 때문에 '딱총새우'라고 불린다.

좌우 집게발의 모양이 다르다. 오른쪽 집게가 특징적이다!

딱총새우는 수백 종류가 있다. 단체 총잡이다.

집게발을 힘차게 닫으면서 기포를 만들어 내는, '캐비테이션 효과'에 의해 충격을 전한다.
이 충격으로 기절한 먹이를 잡아먹거나 천적인 문어와 오징어를 위협한다. 딱총새우는 종류에 따라서 충격을 가하는 방법도 여러 가지다.

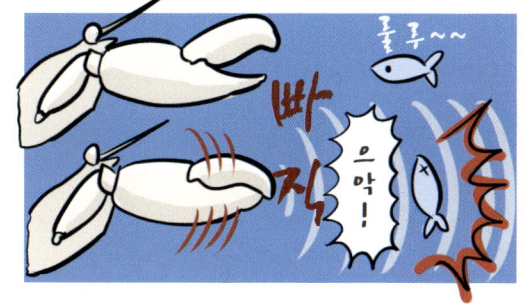

유쾌한 생물 정보

딱총새우 무리는 열대 바다를 중심으로 많은 종류가 있는데 겉모습이 화려하다. 일본에 있는 딱총새우는 드물게 차가운 바다에 사는 종류로 생김새가 평범하다.

크기 : 5~7cm

▲ **분류** : 갑각류・딱총새우과   ● **먹이** : 물고기, 갑각류   ▶ **서식지** : 동아시아의 얕은 바다

숨겨진 모습

딱총새우에게는…
파트너가 있다!

'바다'라는 광야를 방랑하는 총잡이 딱총새우는 고고한 존재… 라고 생각했는데 뜻밖에도

파트너와 같이 사는 딱총새우도 있다! 파트너는 심지어 망둥이였다.

대부분의 딱총새우는 눈이 나빠 먼 곳이 보이지 않기 때문에 둥지 주변에 위험한 것들이 없는지 망둥이가 경비를 맡아 준다.

딱총새우는 살 곳을 만들거나 고치는 일을 주로 담당한다. 살 곳을 만들지 못하는 망둥이는 몸을 숨길 수 있는 장소가 생기는 것이기 때문에 양쪽 다 이익이다. 이런 관계를 '공생관계'라고 부른다.

망둥이와 딱총새우의 조합을 자주 볼 수 있다.

넓은 바다에서 살아가기 위해서는 총 솜씨뿐 아니라 의지할 수 있는 친구도 필요했던 것이다.

악마불가사리
산호의 악몽

몸 전체를 가시로 무장한 육식성의 커다란 불가사리!

위를 입 밖으로 밀어내 먹이나 산호 등에 덮어씌운다.

가시에는 독이 있어 찔리면 상당히 아프다! 최악의 경우 사망한다.

뒤집으면 이렇게 된다.

세계유산인 아름다운 산호초…
'그레이트 베리어 리프'

영어 이름은 '가시나무 관'.

귀여운 작은 새야~

악마불가사리 공주

와작 와작 산호

무려 40퍼센트를 악마불가사리가 죽여 버렸다고 한다! 색색의 산호초도 죽으면 하얗게 된다.

덥썩 덥썩
으악!

이렇게 강하게 무장한 악마불가사리에게도 뜻밖의 적이 있었는데…?

유쾌한 생물정보

불가사리는 몸에 관족이라 불리는 가는 관이 늘어져 있고 앞쪽에 발판이 붙어 있다. 이 관족으로 걷는 것이 가능하다. 악마불가사리는 먹이인 산호를 구하러 하루에 70m나 이동한다.

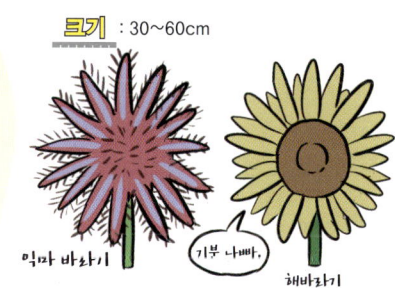

크기 : 30~60cm

악마 바아시
기분 나빠.
해바라기

▲ **분류** : 극피동물과·악마불가사리과　　● **먹이** : 산호 등　　▶ **서식지** : 서태평양, 인도양

숨겨진 모습

신기해!?

귀신불가사리는…
소라고둥에게 약하다!

일본 최대의 고둥인 '소라고둥'은 '악마불가사리'를 먹는 몇 안 되는 생물이다!

부우우웅~

꺄야악!

독 가시가 있어도 아무렇지 않게 덤벼든다!

긴 입을 늘려서 악마불가사리를 먹는다.

진짜 감사!

뭐가?

꺄악!

소라고둥은 간접적으로 산호를 지켜준다고 볼 수 있다.

하지만 더 무서운 천적은 역시 사람! 악마불가사리를 퇴치하는 독약이나 자동으로 악마불가사리를 발견해서 죽이는 로봇까지 개발되어 있다고….

부우우웅~

기다려!

으먀악~~

두 두 두 두 두

산호초에 '악마'가 군림하는 것도 길게 이어지지는 않을지 모른다.

흡혈오징어
심해의 뱀파이어?

겉모습

학명은 '지옥의 뱀파이어 오징어'
문어 아니야?

1000~2000미터의 심해에 서식하는 동물

피의 연못지옥
별이 아니라 상이군.

아름다운 유리알 같은 커다란 눈을 가지고 있다.

정확히는 문어도 오징어도 아니지만, 굳이 따지자면 문어의 조상에 가깝다.

아~.

다리와 다리 사이에 있는 치마 같은 막과 지느러미를 이용해 헤엄친다. 다리 끝과 중심에는 푸르스름한 빛을 내는 발광 기관이 있다.

어쩐지 기분 나쁜 모습으로 무서운 사냥꾼 같아 보이지만…?

유쾌한 생물정보

흡혈오징어는 '살아있는 화석'이라고 불리는 옛날의 모습을 간직한 생물이다. '바다눈'이라고 불리는 바다에 떠다니는 미생물의 시체나 새우 등의 허물을 주로 먹는다.

크기 : 15cm

박쥐 우산
싫어.
씌워 줘.

▲ **분류** : 두족류·흡혈오징어과　　● **먹이** : 바다눈　　▶ **서식지** : 세계 곳곳의 따뜻한 바다

숨겨진 모습

수수께끼투성이!

흡혈오징어는…
의외로 느긋하게 식사를 한다!

흡혈오징어는 보통 가늘고 긴 촉수를 이용해 바다눈(바닷속의 침전물)을 느긋하게 먹는다고 밝혀졌다! 다리 중심부 가까이에 있는 주머니에서 촉수를 꺼내 촉수의 앞쪽에서 나오는 끈적한 액체로 바다눈을 모아서 경단처럼 만들어 먹는다.

피에 굶주린 흡혈오징어의 이미지와는 완전히 다른 모습이다.

흡혈오징어는 절박한 상황이 되면 8개의 다리와 막을 뒤집어서 몸을 감싼다!

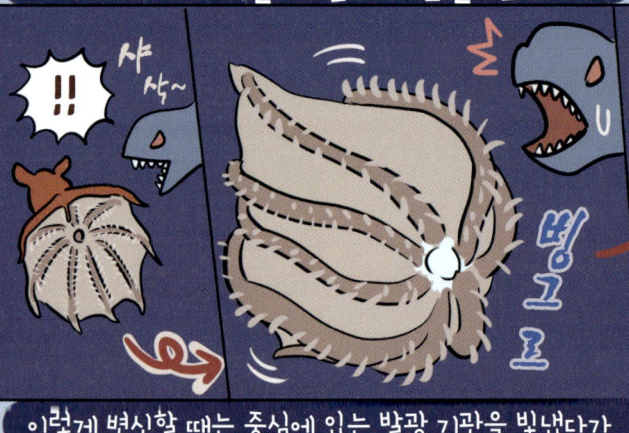

뒤집힌 모습은 어두운 색깔의 공처럼 보여 적이 그냥 지나간다.

이렇게 변신할 때는 중심에 있는 발광 기관을 빛냈다가 점점 어두워지게 해서 멀어지는 것처럼 연출한다고….

인기 폭발!
흡혈오징어 우산

의외의 예능감을 가진 흡혈오징어다.

조개낙지
안에 들어 있는 것은?

하얗고 아름다운 모습을 한 조개!

겨울부터 봄에 걸쳐서 일본 해안에서 많이 발견된다.

2개를 합치면 푸른 나뭇잎 같은 모습이 되기 때문에 일본에서는 '푸른 조개'라고 부른다.

 러브♥

 푸르다

연하고 반투명한 껍데기 때문에 영어로는 '종이 앵무조개'라고 불린다.

 힐끔

언뜻 보기에는 다를 것 없는 조개로 보이지만…?

안에 뭔가가 있는 것 같다! 그 정체는 도대체…?

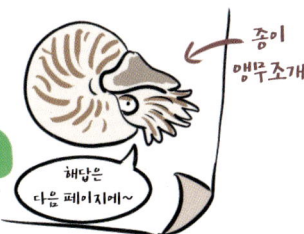 ← 종이 앵무조개

해답은 다음 페이지에~

유쾌한 생물 정보

껍데기는 종이처럼 매우 얇다. 열대에 많이 살고 넓은 바다의 해면 가까이를 떠다니며 생활한다. 해파리에 딱 붙어 있는 경우가 많다. 수컷은 크기가 엄청 작다.

크기 : 30cm(암컷), 1.5cm(수컷)

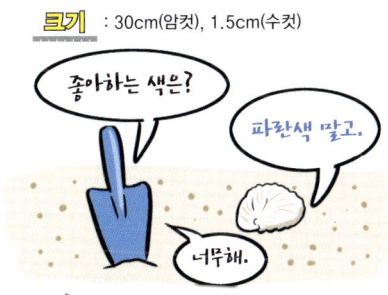

좋아하는 색은? / 파란색 말고. / 너무해.

▲ **분류** : 연체동물 · 조개낙지과　　● **먹이** : 조개　　▶ **서식지** : 세계 곳곳의 따뜻한 바다

숨겨진 모습 〈신기해!?〉

조개낙지의 안쪽은…
바로 낙지!

조개낙지 속에 있는 것은 바로 '조개껍데기를 가진 낙지'였다!

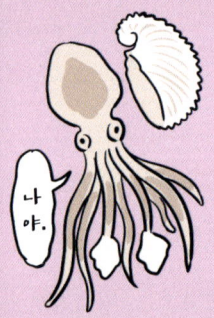

나야.

조개낙지는 바지락이나 대합 같은 살아 있는 조개가 아닌 조개낙지의 암컷이 알을 넣거나 튜브처럼 뜨는 데 사용하려고 만든 몸의 일부분이다.

문어나 오징어는 먼 옛날에 조개에서 진화한 생물!

문어(흔적 없음) 흐느적
오징어(갑이 흔적) 반듯
수제 껍데기 쾅쾅

문어와 오징어의 차이점은 조개의 흔적이 몸 안에 남아 있느냐 없느냐다. 보통 문어는 조개의 흔적이 없는데 이 조개낙지는 자신이 조개를 만들어 이용하고 있는 드문 경우다.

보통 문어는 해저나 암벽에 매복하는 형태로 사냥을 한다. 반면 조개낙지의 암컷은 바다를 그냥 떠다니며 플랑크톤 등을 먹는다.

참고로 껍데기를 갖고 있는 것은 암컷뿐이다.

수컷은 매우 작다.
(1.5~5센티미터)

암컷

아름다운 커플이네요.

달팽이 / 민달팽이

아니거든요.

아이슬란드 조개
아득히 먼 조개

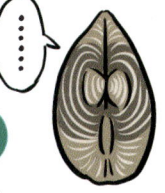

> 언뜻 보면 크게 다를 것 없는 쌍각류!
> 북대서양의 어둡고 차가운 바다에 조용히 산다.

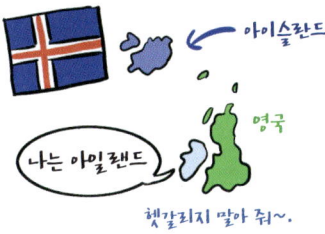
아이슬란드
영국
나는 아일랜드
헷갈리지 말아 줘~.

별명은 '마호가니 대합'.

호~. 조개의 표면에 마호가니 같은 색과 무늬가 있기 때문이다.

듬뿍
한 묶음이에요.

현지에서는 어디에나 있는 흔한 조개로 클램차우더 등의 재료로 쓰인다.

나이스!
아이슬란드 나이스가이
아이슬란드 조개

> 그냥 작은 조개 같지만 사실 엄청난 비밀이 숨어 있다…?

유쾌한 생물 정보

북대서양 해안에서 400m 정도 떨어진 해저에 살며, 가까운 지역에서 식용으로 잡힌다. 20세 정도가 되면 급격히 성장이 늦어져 나이가 들어도 겉모습이 크게 변하지 않는다.

크기 : 8~13cm

결혼해 줘.
손바닥 사이즈
활짝
아니, 이쪽이다.
미안
결혼반지
!?

▲ **분류** : 연체동물・아이슬란드조개과　　🍴 **먹이** : 바닷속의 유기물　　▶ **서식지** : 북대서양

숨겨진 모습

수수께끼투성이!

아이슬란드 조개는…
지구에서 가장 장수하는 생물!

한 아이슬란드 조개의 나이가 무려 '507세'인 것으로 밝혀졌다! 그 조개는 '명'이라는 이름을 얻어 지구에서 가장 장수하는 생물로서 기네스 기록을 인정받았다.

생일 축하 조개

……

이제 1년만 있으면 500세인가….

이예-.

우맛.

아이슬란드 나이스가이

너무해

쿨쩝차주더

수백 년을 살았다고 해도 그렇게까지 커지지 않기 때문에, 겉보기에는 그냥 평범한 조개다.
기네스급의 장수 아이슬란드 조개라 해도 어디에도 알려지지 않은 채 잡아먹히고 있을 가능성도….

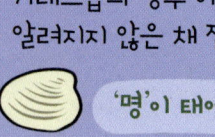

'명'이 태어났을 무렵…

중국에는 '명'이라는 왕조가 있었다. 조개에 '명'이라는 이름이 붙여진 유래다.

어떻게 된 일인가?

명

유럽에서는 레오나르도 다빈치가 모나리자를 제작하고 있었다.

어떻게 된 일이지?

일본은 전국 시대.

오!

전국 나이스가이

507

나무의 나이처럼 조개도 층을 헤아려서 나이를 세는데, 507세의 '명'도 처음에는 100년 정도 나이 계산이 틀렸다고 한다.

그러나 몇 세기에 걸친 시간을 살아온 아이슬란드 조개에게 나이는 별 의미 없는 일이었는지도 모른다.

이예?

나이스가이의 무덤

☘ 책을 마치며 ☘

(←인사)

여기까지 읽어 주신 여러분, 정말 감사합니다. 즐거웠기를 바랍니다. '아직 다 읽지는 않았지만 우선 뒤쪽부터 펴 봤다.'는 분들이 있을지도 모릅니다(저도 가끔 그렇습니다). 그런 분들께도 감사합니다.

많은 생물의 **'겉모습과 숨겨진 모습'**을 소개했는데 생물의 세계에서는 매일매일 엄청난 양의 새로운 사실이 밝혀지고 있습니다. 미래에는 이 책에 담긴 내용이 다시 뒤집히는 일이 있을지도 모릅니다. **겉모습**과 **숨겨진 모습**, 거기에 또 **숨겨진 모습**. 정말 생물의 세계는 놀랍고 의외의 일들로 가득합니다.

그런 **'유쾌한'** 친구들과 같은 세계에 살고 있다는 행운을 잊지 말고, 지금부터라도 생물의 놀라운 점을 함께 알아보면 좋겠습니다. 또 어디선가 만날 수 있었으면 좋겠습니다.

마지막으로, 함께 노력해 이 책을 만든 편집자 님, 멋진 책으로 완성시켜 주신 디자이너 님, 감수를 해 주신 시바타 님. 다른 부분에서도 도움을 주신 여러분, 그리고 생물 일러스트를 발표하는 계기가 된 근처 호수의 카와세미 님, 정말로 감사합니다. 끝.

누마가사 와타리

찾아보기

	겉모습	숨겨진 모습

ㄱ
- 개복치 … 169 170
- 거북복 … 115 116
- 겐지반딧불이 … 133 134
- 고릴라 … 37 38
- 고양이 … 99 100
- 공작거미 … 203 204
- 괭이갈매기 … 119 120
- 기린 … 27 28
- 까마귀 … 121 122
- 꽃사마귀 … 135 136

ㄴ
- 나무늘보 … 17 18
- 나일악어 … 75 76
- 낙타 … 105 106
- 남미 물꿩 … 193 194
- 남부작은개미핥기 … 29 30
- 너구리 … 43 44
- 늘보원숭이 … 151 152

ㄷ
- 다람쥐원숭이 … 47 48
- 대왕오징어 … 205 206
- 독수리 … 71 72
- 돌묵상어 … 57 58
- 딱총새우 … 211 212

ㄹ
- 르브론 타란툴라 … 87 88
- 리카온 … 97 98

ㅁ
- 매 … 69 70
- 매너티 … 167 168

- 먹장어 … 113 114
- 멧돼지 … 41 42
- 모기 … 85 86
- 물총고기 … 109 110

ㅂ
- 벌거숭이뻐드렁니쥐 … 165 166
- 벌새 … 187 188
- 범고래 … 53 54
- 배럴아이 … 173 174
- 별코두더지 … 155 156
- 붉은바다거북 … 79 80
- 붉은캥거루 … 45 46
- 브라질세띠아르마딜로 … 153 154
- 빨판상어 … 107 108

ㅅ
- 사자 … 19 20
- 사향고양이 … 147 148
- 서발 … 101 102
- 서커스틱 프린지헤드 … 183 184
- 성게 … 137 138
- 시바견 … 95 96
- 심해해삼 … 209 210

ㅇ
- 아이슬란드 조개 … 219 220
- 아프리카코끼리 … 13 14
- 아프리카화벌 … 201 202
- 악마불가사리 … 213 214
- 얼룩말 … 31 32
- 얼룩무늬물범 … 55 56

222

이름	겉모습	숨겨진 모습
오리너구리	145	146
외뿔고래	161	162
우아카리원숭이	149	150
우파루파	197	198
원앙	67	68
ㅈ 자이언트 바퀴벌레	129	130
자이언트판다	35	36
장수거북	77	78
장수말벌	81	82
전기뱀장어	117	118
절엽개미	131	132
조개낙지	217	218
주머니쥐	163	164
줄무늬카라카라	189	190
집단베짜기새	123	124
ㅊ 참다랑어	59	60
청줄청소놀래기	181	182
초롱아귀	177	178
치타	23	24
ㅋ 친붕장어	61	62
카피바라	103	104
코알라	33	34
코주부원숭이	159	160
쿠키커터상어	171	172
큰가리비	89	90
큰수달	39	40
클리오네	83	84
키로넥스	91	92
키모토아 엑시구아	141	142
ㅌ 타이탄트리거피시	65	66
텍사스뿔도마뱀	199	200
토코투칸	185	186
ㅍ 플라밍고	73	74
피라니아	63	64
ㅎ 하마	25	26
해달	49	50
해마	175	176
호랑이	15	16
호저	157	158
황금독화살개구리	195	196
황제펭귄	125	126
회색앵무	191	192
흉내문어	139	140
흡혈오징어	215	216
흰수염고래	51	52
흰점박이복어	111	112

'숨겨진 모습'도 있다고!

글·그림 **누마가사 와타리**
일본에서 활발하게 활동하고 있는 일러스트레이터이다. 2016년부터 물에 사는 동물들과 새들을 다룬 동물도감을 인터넷에 공개하면서 큰 인기를 얻었다. 지금도 동물뿐 아니라, 영화, 드라마, 다큐멘터리, 애니메이션 등을 소재로 재치 있는 글과 유쾌한 그림을 꾸준히 발표하며 많은 사랑을 받고 있다. (Twitter 계정:@numagasa)

생물감수 **시바타 요시히데**
1965년에 태어났다. 도쿄농업대학교 농학부에서 곤충생태학을 전공했다. 졸업 후 TV 자연다큐멘터리의 디렉터로서 북극, 아프리카 등 세계의 자연을 취재했다. 2005년부터 프리랜서로 도감 집필, 강연 등을 하고 있다. 저서로《신기해!? 왜!? 재미있는 벌레 도감》《움직이는 도감 위험한 생물》등이 있다.

옮김 **타카모리 마쓰미**
일본 사가현 출신으로, 오래전부터 한국 문화에 관심을 가지고 한국을 여행했다. 지금은 한국인 남편과 함께 사가시에서 재활의학학교 교원으로 일하며 한국의 다양한 책을 읽고 있다. 옮긴 책으로《세계 나라 사전》이 있다.

한국어판 감수 **성기수**
환경생태연구가이자 생태사진가이다. 대학원에서 고분자물리학을 전공했으며 EBS, MBC, KBS 등에서 방영된 자연다큐멘터리를 기획하기도 했다. 쓴 책으로는《곤충의 사랑》《숲속의 사냥꾼들》이 있으며, 공저로《학교에서 살아가는 곤충 1, 2》가 있다.

디자인 무라구치 게이타 (STUDIO DUNK)
편집협력 미하시 타오 (OFFICE 303)

이런 모습 처음이야!
의외로 유쾌한 생물도감

1판 1쇄 발행 | 2019. 4. 24.   1판 9쇄 발행 | 2025. 10. 30.

누마가사 와타리 글·그림 | 시바타 요시히데 생물감수 | 타카모리 마쓰미 옮김 | 성기수 한국어판 감수

발행처 김영사 | **발행인** 박강휘 | **편집** 박은희 | **디자인** 김동희
등록번호 제 406-2003-036호 등록일자 1979. 5. 17.
주소 경기도 파주시 문발로 197(우10881) | **전화** 마케팅부 031-955-3100 | 편집부 031-955-3113~20 | 팩스 031-955-3111

값은 표지에 있습니다.
ISBN 978-89-349-9530-2 76490

좋은 독자가 좋은 책을 만듭니다. 김영사는 독자 여러분의 의견에 항상 귀 기울이고 있습니다.
전자우편 book@gimmyoung.com | 홈페이지 www.gimmyoung.com

| **어린이제품 안전특별법에 의한 표시사항** | 제품명 도서 제조년월일 2025년 10월 30일
제조사명 김영사 주소 10881 경기도 파주시 문발로 197 전화번호 031-955-3100 제조국명 대한민국
사용 연령 10세 이상 ⚠주의 책 모서리에 찍히거나 책장에 베이지 않게 조심하세요.